ICNC Press

RÉDACTEURS : Hardy Merriman et Amber French
Contact : icnc@nonviolent-conflict.org
CONCEPTEUR-PROJETEUR : Joe García

Publié par les presses du Centre international des conflits non violents
(International Center on Nonviolent Conflict, ICNC)
1775 Pennsylvania Ave. NW, Ste. 1200
Washington, D.C. 20006 É.-U.

© 2018 Centre international des conflits non violents, Ivan Marovic
Tous droits réservés. ISBN (broché) : 978-1-943271-22-1, ISBN (en ligne) : 978-1-943271-21-4

Photo de couverture : Ivan Marovic servant de bélier pour enfoncer la porte de la résidence du doyen à l'université de Belgrade durant les manifestations étudiantes de 1996-1997. Photo de Miroslav Petrovic

Droits d'auteur de la photo de la page :
Manifestations de l'Euromaïdan à Kiev, en Ukraine, le 29 décembre 2013. Photo de Maksymenko Oleksandr, via Wikimedia Commons.

Avis de non-responsabilité : Les appellations employées et le matériel présenté dans cette publication ne sont pas l'expression d'une opinion quelconque de la part de l'ICNC. L'auteur est responsable de la sélection et de la présentation des faits contenus dans ce travail, ainsi que de toutes les opinions qui y sont exprimées et qui ne sont pas nécessairement celles de l'ICNC et n'engagent en rien l'organisation.

LA VOIE DE LA PLUS GRANDE **RÉSISTANCE**

UN GUIDE ÉTAPE PAR ÉTAPE POUR LA PLANIFICATION DES CAMPAGNES NON VIOLENTES

Résumé

La voie de la plus grande résistance : un guide étape par étape pour la planification des campagnes non violentes destiné aux activistes et organisateurs de tous niveaux, qui souhaitent faire évoluer leurs activités de résistance non violente vers des campagnes plus stratégiques à durée déterminée. Il guide ses lecteurs à travers le processus de planification d'une campagne. Il en explique les différentes étapes et propose pour chacune d'elles des outils et des exercices. Au terme du guide, les lecteurs auront acquis ce dont ils ont besoin pour conduire leurs pairs à travers la démarche de planification d'une campagne. Tel qu'il est expliqué dans le guide, ce processus devrait prendre environ 12 heures du début à la fin.

Ce guide comprend deux parties. La première présente et contextualise les outils de planification d'une campagne et leurs objectifs. Elle explique également la logique qui sous-tend ces outils et la manière dont on peut les modifier pour les adapter au contexte d'un groupe particulier. La seconde partie fournit des fiches pédagogiques faciles à reproduire et à partager pour utiliser chacun de ces outils, et explique comment intégrer ces outils dans le processus de planification.

Table des matières

Campagnes de résistance civile non violente 1

Analyse SWOT : Comprendre vos capacités et votre environnement ... 7

Élaboration de scénarios : Anticiper les résultats possibles 17

Critères SMART : Établir des objectifs de campagne 31

L'éventail des alliés : Définir les parties prenantes 41

Cadre des perceptions : analyse des convictions et des sentiments des parties prenantes 51

Séance de réflexion : Adopter des tactiques 61

Analyse coûts/avantages : Sélectionner la meilleure idée 69

Comment consigner par écrit le plan de campagne 79

Formation à la préparation d'une campagne 89

Postface 99

Tableaux et figures

Tableau 1 : Matrice SWOT 10

Tableau 2 : Exemples de forces, faiblesses, opportunités et menaces ... 12

Tableau 3 : Élaboration de scénarios 20

Tableau 4 : Exemples de scénarios SI, OM, MP et PS 23

Figure 1 2

Figure 2 3

Figure 3 4

Figure 4 : Plan A et Plan B 24

Figure 5 : Le Spectre des alliés 44

Avant-propos

Si vous m'interrogiez sur le mouvement dont j'ai fait partie, Otpor, et les campagnes que nous avons menées, je pourrais vous en dire long sur les campagnes "Gotov Je" (Il est fini) et "Vreme Je" (Il est temps), qui visaient à augmenter le taux de participation aux élections présidentielles du 24 septembre 2000 en Serbie. Ces élections ont été un prélude à la chute finale de Slobodan Milosevic le 5 octobre de la même année. Je pourrais vous parler de la campagne "Nous vous surveillons", que nous avons menée immédiatement après la chute de Milosevic et dont l'objectif était de présenter Otpor comme un chien de garde qui suivait de près l'action du nouveau gouvernement, en prenant nos distances vis-à-vis de celui-ci. Je pourrais vous parler de la campagne "Le poing est le salut", qui avait pour objectif de grossir les rangs d'Otpor et qui s'est soldée par des milliers d'adhésions au mouvement.

Je pourrais vous parler longuement de tout cela, mais je ne pourrais pas nommer une seule campagne que nous ayons menée la première année de notre existence. Je pourrais parler des tactiques toute la journée (des "actions", comme nous les appelions). Je pourrais également parler de la Déclaration pour l'avenir de la Serbie, document stratégique d'Otpor. Mais je ne pourrais pas nommer une seule campagne de notre première année.

Pourquoi ? Parce qu'il n'y en a eu aucune.

Tactiquement très innovant dès le départ, Otpor avait élaboré une stratégie à long terme quelques mois après sa fondation, mais apprendre à mener des campagnes, cela nous a pris un certain temps.

Ceci est dû au fait que les campagnes sont difficiles à organiser et à mettre en œuvre. À mon avis, la préparation d'une campagne exige plus d'efforts qu'une planification stratégique à long terme et qu'une planification tactique à court terme, et ce, pour plusieurs raisons. D'abord, un plan stratégique est en général suffisamment large pour s'adapter aux environnements changeants et aux retournements de situation inattendus qui peuvent se produire durant le déploiement de la stratégie (que l'on mesure généralement en années). D'autre part, la planification tactique est suffisamment courte (on la mesure généralement en jours, parfois en semaines) pour que les résultats soient constatés et évalués, que les modifications nécessaires soient faites et que de nouvelles tactiques, innovantes et mieux conçues, soient introduites.

Mais pour les campagnes, c'est différent. Contrairement aux stratégies, elles doivent être détaillées, leurs objectifs spécifiques, leurs cibles bien définies et leurs messages clairs et directs. Les campagnes doivent répondre à des environnements changeants, mais également appuyer la stratégie à long terme. Et puisqu'il faut du temps pour que les campagnes aient un effet, il est plus difficile de les évaluer. Contrairement aux tactiques, il va falloir des mois avant d'introduire des changements fondés sur une évaluation de l'efficacité de la campagne.

Lorsqu'une mauvaise planification aboutit à une campagne inefficace, vous êtes confrontés à un choix difficile : poursuivre une campagne inefficace ou l'interrompre. J'espère que ce guide vous aidera à éviter cette situation indésirable.

Ce guide de la planification décrit un certain nombre d'outils qui vous aideront à répondre aux questions les plus importantes d'une campagne :

1. Quel résultat voulez-vous atteindre (quel est l'objectif de la campagne) ?
2. Qu'allez-vous dire (quel est le message de la campagne) ?
3. Qu'allez-vous faire (quelles tactiques allez-vous mettre en œuvre) ?
4. De quoi avez-vous besoin en matière de ressources et d'organisation ?

Les outils contenus dans ce guide visent à aider les activistes et les organisateurs à mieux comprendre leur potentiel interne et leur environnement externe, à formuler des objectifs appropriés, à définir les publics cibles et analyser leurs perceptions, à formuler un message et à décider des tactiques optimales pour transmettre ce message.

Chaque outil est présenté et expliqué plus en détail pour ceux qui ne l'ont jamais utilisé auparavant. Cette explication est suivie d'instructions à suivre étape par étape pour utiliser l'outil dans un atelier, qu'il s'agisse d'un atelier de formation destiné à former les participants sur les campagnes ou d'un atelier de planification visant à concevoir une campagne particulière. En ce sens, ce guide convient aussi bien aux activistes expérimentés qu'à ceux qui sont novices en la matière il est conçu pour être utile à toutes les étapes d'un mouvement non violent en faveur des droits, de la justice et de la liberté.

Les outils sont accompagnés de modules, qui prendront en tout environ 12 heures (par exemple, pendant un week-end) pour un atelier de planification d'une campagne de longue durée. L'ensemble du matériel nécessaire pour diriger ce genre d'atelier est décrit dans les modules respectifs et peut être obtenu (ou des alternatives satisfaisantes) à un coût matériel minime dans la plupart des régions du monde.

Campagnes de résistance civile non violente

Étude de cas : Les campagnes "Il est fini" et "Il est temps" d'Otpor

La campagne "Gotov Je" (Il est fini) a été la première (mais pas la seule) campagne de mobilisation des électeurs menée par Otpor. Elle avait pour objectif général de renverser Milosevic par des élections, même si à l'époque, les élections en Serbie n'étaient ni libres ni équitables.

L'objectif spécifique était d'augmenter le taux de participation, en particulier parmi les abstentionnistes traditionnels et les jeunes en général. En théorie, si ces catégories se déplaçaient le jour des élections, elles voteraient pour le candidat de l'opposition, ce qui ferait baisser le pourcentage des voix pour Milosevic au-dessous de 50 %. Un fort taux de participation était une condition préalable essentielle pour atteindre l'objectif stratégique général, car plus nous serions nombreux à aller voter, plus il serait difficile de bourrer les urnes. Et plus nous serions nombreux à aller voter, plus le scandale serait grand si quelqu'un essayait de voler l'élection.

Comme l'illustre clairement le slogan "Il est fini", le message de la campagne était un message de certitude, très nécessaire après une série de défaites électorales qui avaient laissé les sympathisants de l'opposition dans l'indifférence et la méfiance. En plus des affiches, des tracts et des célèbres autocollants "Il est fini" (appliqués sur les affiches de Milosevic), cette campagne incluait des performances de théâtre de rue.

Pour aller encore plus loin, notre stratégie comprenait non seulement la mobilisation des électeurs, mais également des efforts pour éviter la falsification des bulletins de vote. Nous avons donc décidé de mener une campagne parallèle, "Vreme Je" (Il est temps). Cette campagne ciblait les électeurs plus neutres qui désiraient le changement, mais que l'attitude dure de l'opposition "Il est fini" laissait indifférents ou rebutait.

Contrairement à la campagne "Il est fini", la campagne "Il est temps" était axée sur des concerts de rock, des tournées de célébrités et d'autres moyens de toucher les publics cibles moins engagés politiquement. Contrairement également à la campagne "Il est fini", qui a été mise en œuvre uniquement par Otpor, la campagne "Il est temps" a été menée par une grande coalition d'organisations, à laquelle appartenait Otpor.

Ces deux campagnes ont atteint leurs objectifs, et avec un taux de participation record (allant jusqu'à 70 % chez les électeurs de moins de 30 ans), Milosevic a perdu les élections.

Que sont les campagnes et pourquoi sont-elles importantes?

Le mot vient du latin "campus" ou terrain. Au printemps, les armées partaient sur le terrain pour mener des campagnes, des opérations d'envergure qui s'inscrivaient dans le cadre d'un effort de guerre plus important. Ce terme est toujours employé par les militaires aujourd'hui. Même en dehors du domaine militaire (dans les affaires, le marketing, la politique, etc.), **les campagnes désignent une série d'activités destinées à atteindre un objectif précis dans le cadre d'une stratégie plus large.** La stratégie comprend donc différentes opérations, dont les campagnes, qui se composent elles-mêmes d'un certain nombre de tactiques, généralement appelées actions ou tâches. Les tactiques constituent les campagnes, et les campagnes, ainsi que d'autres opérations telles que le recrutement, la formation, les communications internes et externes, sont utilisées au service de la stratégie (voir la figure 1).

Figure 1

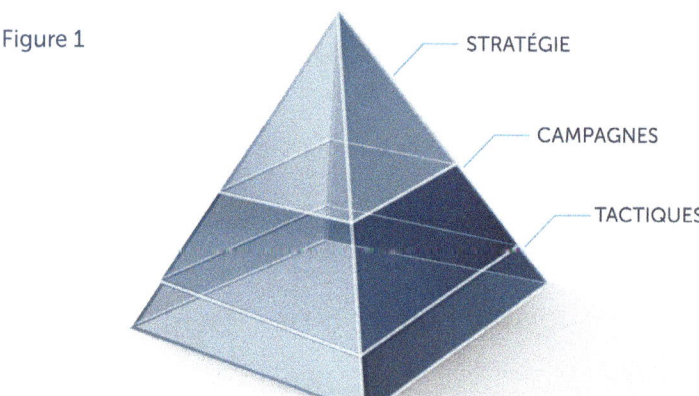

> *La résistance civile est un moyen pour les gens ordinaires qui n'ont pas de titre, de statut, ni de privilège particulier d'exercer le pouvoir sans avoir recours à la menace ni à la violence physique.*

Les campagnes servent à mobiliser et à impliquer des publics spécifiques. Elles visent à changer les esprits, les perceptions, voire les comportements du public en général. Les campagnes sont donc primordiales si votre stratégie dépend de l'augmentation de la participation du public, ce qui est généralement le cas dans la stratégie politique. Ceci est vrai pour la politique institutionnelle (comme le lobbying), et en particulier si la lutte est menée en dehors des institutions, comme c'est le cas pour la résistance civile par définition.

On fait souvent remarquer que les activistes accordent plus d'importance aux tactiques qu'à la stratégie. Même lorsqu'une stratégie a été élaborée, il existe souvent un décalage entre les niveaux stratégique et tactique, ou les activistes peuvent planifier une chose au centre stratégique, mais improviser dans la rue. Les activistes qui ont mis sur pied une stratégie se demandent encore souvent quelles étapes spécifiques les conduiront vers cette stratégie. Ils peuvent continuer à utiliser des tactiques habituelles tandis que le plan stratégique n'est jamais pleinement exécuté.

Les campagnes sont utiles, parce qu'elles peuvent servir de lien entre la stratégie et les tactiques. Une fois votre plan stratégique terminé, vous n'avez pas besoin d'entrer tout de suite dans le détail tactique. Vous pouvez d'abord définir les campagnes comme des phases plus larges de la stratégie. Les objectifs de chaque campagne serviront de jalons sur la voie de l'objectif stratégique et vous pourrez diviser cette voie en segments plus courts.

Quel est le lien entre la stratégie, les campagnes et les tactiques? Pourquoi sont-elles interdépendantes?

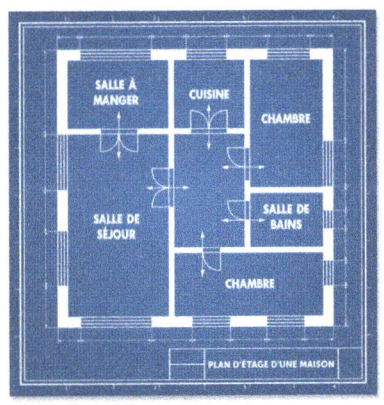

Figure 2

Imaginez la stratégie comme une maison, puis les campagnes comme les différentes pièces de cette maison. Les tactiques peuvent être considérées comme les éléments de construction: les murs, les fenêtres, les portes et le mobilier. Ces éléments peuvent exister à l'extérieur de la maison, mais ils ne sont pas très utiles seuls. Lorsque vous placez ces éléments à l'intérieur de la maison, ils sont utilisés différemment dans chaque pièce, selon la fonction de la pièce. Par exemple, il y a généralement une porte entre une cuisine et une salle à manger, mais il peut ne pas y avoir de porte entre une cuisine et une chambre (voir la figure 2).

Il en va de même pour les tactiques. **Vous pouvez mettre sur pied une tactique sans stratégie, mais ce n'est pas très utile.** Même dans le cadre d'une stratégie plus large, les tactiques doivent faire partie d'une campagne précise, exécutée pour transmettre le message de cette campagne et pour toucher un public cible spécifique.

Contrairement aux tactiques, les campagnes ne peuvent pas exister sans stratégie, de même que les pièces ne peuvent exister sans la maison. Même une maison à une seule pièce reste une maison dont les éléments structurels sont des fondations et un toit. De la même manière, une stratégie associée à une seule campagne reste une stratégie dont les éléments structurels sont une vision, une mission et des objectifs définis. Une maison optimale est bien sûr solide, mais également fonctionnelle. Pour qu'il en soit ainsi, il faut un agencement optimal des pièces. La stratégie requiert une vision, une mission et des objectifs, mais également des campagnes pour être fonctionnelle.

Chacune des pièces de la maison a sa fonction propre, mais elles sont reliées les unes aux autres en termes de fonction et de construction. La cuisine et la salle à manger sont adjacentes du fait de leur fonction: les plats ne doivent pas être transportés sur de longues distances avant d'être servis. La conception de la maison est intentionnelle et a des finalités spécifiques et reliées entre elles.

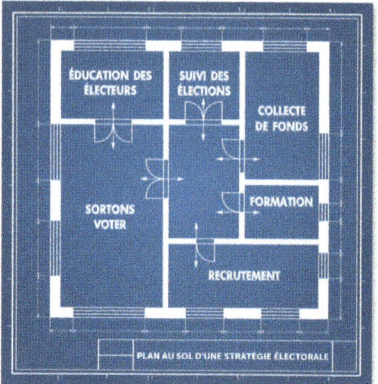

Figure 3

Il en va de même pour les campagnes. Dans le cadre élargi d'une stratégie, les campagnes se suivent l'une après l'autre, formant ainsi les étapes en vue d'atteindre l'objectif à long terme. Chacune des étapes ou campagnes va tirer parti de celles qui la précèdent, utilisant ainsi les gains réalisés par les campagnes précédentes. (voir la figure 3).

Si l'on prend comme exemple la stratégie électorale, une campagne "Sortons voter" occupe la place centrale du "plan au sol", mais elle s'appuie sur d'autres opérations telles que le suivi des élections et l'éducation des électeurs. Le "toit" est la vision d'élections libres et équitables et les "fondations" sont la mission de promouvoir la participation active des citoyens au processus électoral. Les "meubles" dans cette "maison" sont constitués de tactiques telles que les réunions publiques, les ateliers pour les observateurs électoraux, le porte-à-porte, etc.

Des stratégies plus longues et plus complexes ont des "plans au sol" plus élaborés, avec beaucoup de "pièces", de "couloirs" et "d'escaliers". Des stratégies simples comportent une ou deux "pièces", mais elles sont toutes caractérisées par la même interdépendance entre la stratégie, les campagnes et les tactiques.

Ce guide a pour objectif de vous aider à élaborer un plan de campagne à l'appui de votre stratégie générale (ce sujet sera traité plus tard dans un livre séparé). Ce plan de campagne sera le résultat d'un processus impliquant une analyse méticuleuse et une réflexion créative. Les outils contenus dans ce guide vous aideront dans les deux cas et vous conduiront étape par étape vers un plan de campagne. Et une fois que vous aurez terminé votre plan de campagne, vous serez en mesure d'en extraire des documents utiles, tels qu'un dossier de campagne, un calendrier, un budget et un schéma organisationnel.

Comment utiliser ce guide

Les chapitres suivants contiennent de brèves présentations expliquant plusieurs outils de planification des campagnes. Chaque outil est accompagné d'une fiche d'instructions et d'un processus étape par étape destinés à être utilisés au cours de la préparation d'une campagne. Les lecteurs qui organiseront le parcours d'élaboration d'une campagne doivent commencer par lire la courte présentation de l'outil qui précède chaque fiche d'instructions. Une fois que vous aurez fini de lire toutes les présentations des outils et les explications du processus étape par étape, reportez-vous à "Parcours de la préparation d'une campagne" page 89 pour des instructions plus détaillées sur la planification, telles que le parcours de l'élaboration d'une campagne dans le cadre d'un mouvement non violent.

Commençons!

ND# ANALYSE SWOT[1] : COMPRENDRE VOS CAPACITÉS ET VOTRE ENVIRONNEMENT

---

[1] SWOT est l'acronyme de forces, faiblesses, opportunités et menaces (en anglais "strengths, weaknesses, opportunities and threats").

Pour planifier une campagne, vous devez d'abord définir son objectif. Celui-ci est au service de votre vision, de votre mission et de vos buts stratégiques, définis dans votre plan stratégique. En d'autres termes, votre plan stratégique vous guide à travers les types de campagnes que vous devrez engager. La détermination de l'objectif de chacune de ces campagnes fait partie intégrante de leur planification et nécessite un processus autonome nourri non seulement par votre plan stratégique, mais aussi par la compréhension de vos capacités et de l'environnement dans lequel vous évoluez.

Pour définir l'objectif de votre campagne, vous devez d'abord vous connaître vous-même et connaître votre environnement, dont vos opposants. Avant de pouvoir commencer à penser à un objectif réaliste et pertinent à votre stratégie, vous devez comprendre l'ensemble des facteurs, internes et externes, positifs ou négatifs.

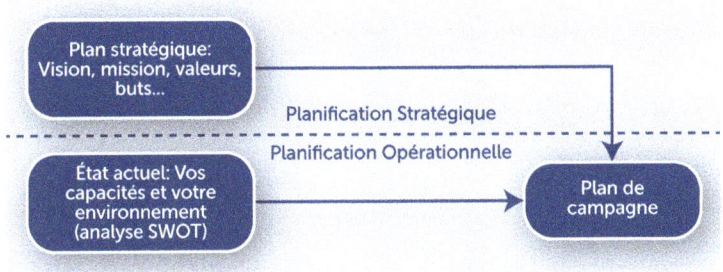

L'analyse SWOT est un outil vous permettant d'identifier ces facteurs. Bien qu'il le nie, on attribue la création de cet outil à Albert Humphrey de l'Institut de recherche de Stanford. Depuis les années 60, cet outil est utilisé aussi bien dans la planification d'entreprise, que dans les campagnes politiques et l'organisation communautaire pour le changement social.

> *Connais ton ennemi et connais-toi toi-même ; eussiez-vous cent guerres à soutenir, cent fois vous serez victorieux.*
> *Si tu ignores ton ennemi et que tu te connais toi-même, tes chances de perdre et de gagner seront égales.*
> *Si tu ignores à la fois ton ennemi et toi-même, tu ne compteras tes combats que par tes défaites.*
>
> —Sun Tzu, L'Art de la guerre

Tableau 1 : Matrice SWOT

Facteur	*Positif*	*Négatif*
Interne	**F**orces	**F**aiblesses
Externe	**O**pportunités	**M**enaces

Les forces sont représentées par les capacités internes telles que les ressources (humaines ou matérielles), les compétences et même par des facteurs immatériels tels que l'unité de groupe ou la force d'engagement.

Les faiblesses sont représentées par les vulnérabilités internes (organisationnelles) qui vous ralentissent ou vous exposent à des risques. Un nombre limité d'activistes ou un manque de ressources relève de cette catégorie. Des facteurs tels qu'un manque d'enthousiasme ou une peur paralysante parmi les activistes membres sont également considérés comme des faiblesses. Bien qu'ils soient moins tangibles qu'un manque de ressources, ils restent sous votre contrôle dans le sens où vous avez la capacité de les corriger avec le temps.

Les opportunités sont des facteurs externes qui ne relèvent pas de votre contrôle, mais qui sont bénéfiques à votre campagne. Elles existent, peu importe ce que vous faites. Cependant, il est de votre contrôle d'utiliser ces opportunités à votre avantage lors de votre campagne. Les opportunités peuvent être représentées par les faiblesses de vos opposants, comme un manque de légitimité et des scissions internes, mais aussi une insatisfaction générale ou des griefs au sein de la population, l'existence d'alliés potentiels ou les ressources disponibles.

Les menaces sont également des facteurs externes, elles sont négatives pour votre campagne. Elles représentent des menaces potentielles qui peuvent ne jamais se matérialiser. Néanmoins, si ces menaces se matérialisent, et que vous ne les avez pas planifiées ou que vous n'avez pas de réponse adaptée, elles peuvent nuire à vos efforts et même être désastreuses. Les menaces peuvent inclure la capacité de vos opposants à vous nuire à travers une propagande négative ou une répression policière, mais elles peuvent également couvrir d'autres facteurs tels que des éléments violents (externes), mais à proximité physique de votre mouvement.

Lors de la conduite d'une analyse SWOT, **il est important de distinguer les facteurs internes ([forces et faiblesses], qui sont sous votre contrôle) des facteurs externes, qui existent quoi que vous fassiez (opportunités et menaces)**. Parfois, les activistes catégorisent le mécontentement des jeunes comme une force. Ces jeunes ne faisant pas partie de leur organisation, ils représentent une opportunité en tant qu'activistes potentiels, et non une force. De la même façon, le manque de confiance parmi les organisateurs et les divisions internes sont parfois catégorisés comme une menace pour l'organisation, ils représentent en fait une faiblesse, car ces éléments sont internes au mouvement.

Il est également important de considérer le contraste entre les facteurs positifs et négatifs. En conduisant une analyse SWOT, les activistes confondent rarement les faiblesses et les forces, mais ce n'est pas aussi simple lorsqu'il s'agit des facteurs externes, les menaces sont ainsi considérées comme des opportunités et vice versa. Par exemple, la répression peut être considérée comme une opportunité, mais après analyse plus approfondie, il s'avère que l'opportunité relève en réalité du ressenti du public envers les actions répressives de votre opposant. Ou, s'il existe un tel ressenti, alors les cas précédents de répression peuvent représenter une opportunité à susciter ce ressenti chez le public. Mais la possibilité d'une répression contre vous lors de votre campagne reste une menace.

Lors d'une campagne, vous devez utiliser les opportunités et éviter les menaces (ou atténuer leurs effets), mais rappelez-vous que ces facteurs ne peuvent pas être créés ou éliminés directement. Par exemple, le chômage élevé des jeunes peut représenter une opportunité de mobilisation des jeunes, cependant, leur mobilisation n'est certainement pas une évidence. Il sera nécessaire de puiser dans les forces organisationnelles, comme à travers un message de campagne attrayant, et dans la capacité à recruter de jeunes activistes supplémentaires, par exemple, à travers les réseaux universitaires. Dans le même ordre d'idées, la menace d'une répression et de mesures répressives envers les organisateurs de la campagne peut ne jamais se matérialiser, néanmoins, il est important de la planifier si elle devait se réaliser.

Limites de cet outil

L'analyse SWOT n'est pas un outil parfait et il a ses limites. D'abord, tous les facteurs n'ont pas la même importance. Étant donné qu'ils sont listés séparément, vous pouvez ne pas percevoir leur interaction. Voilà pourquoi il est utile de continuer à examiner ces facteurs à l'aide de la Méthode des scénarios utilisant les données collectées dans l'Analyse SWOT. Une autre limite de l'Analyse SWOT est qu'elle porte sur la situation en cours, or celle-ci peut évoluer par la mise en œuvre réussie d'un plan stratégique qui met l'accent sur une vue d'ensemble et un processus de long terme.

Tableau 2 : Exemple de forces, faiblesses, opportunités et menaces

Forces	Faiblesses
• Équipe compétente et motivée • Vision attractive pour public • Message approprié et capacité à le faire passer	• Manque d'argent • Présence limitée dans une partie du pays • Divisions internes et discordes
Opportunités	Menaces
• Existence d'organisations communautaires locales • Protestations spontanées liées aux pénuries alimentaires • Faiblesse des salaires des fonctionnaires	• Arrestations possibles des organisateurs de la campagne • Biais des médias, couverture négative de la campagne • Tensions vives, risque de violence spontanée

L'environnement dans lequel vous mettez en œuvre une campagne est dynamique et évolue avec le temps, résultant, avec un peu de chance, de vos actions. Il en est de même pour vos capacités internes. Voilà pourquoi il est utile de conduire régulièrement une Analyse SWOT, en particulier avant chaque début de campagne. Au cours de l'Analyse SWOT, il est important d'etablir un distinction claire entre forces et faiblesses d'une part et opportunités et menaces d'autre part.

Fiche d'instructions

Analyse SWOT			
Analytique	Travail en petits groupes	Pas de documents	60 minutes

Bref résumé

Contenu	Activité	Durée (min)
1. Présenter l'outil	Présentation	5
2. Séparer les participants en quatre petits groupes	Mise en place des groupes	5
3. Liste des facteurs (forces, faiblesses, etc.)	Travail en petits groupes	15
4. Retour des groupes	Présentation par les groupes et commentaires brefs	30
5. Conclure l'exercice	Récapitulation	5
Total :		**60**

Matériel nécessaire

Matériel nécessaire	Quand	Utilisation
Matrice SWOT prédéfinie (voir note 1, à la page 16)	Présentation	Explication visuelle
4 feuilles de papier vierges	Travail en groupe	Liste des facteurs
4 marqueurs		
Ruban adhésif	Récapitulation	Affichage des listes au mur

Avant l'atelier

- Réfléchissez à l'une de vos expériences et à la manière dont l'Analyse SWOT vous a aidé dans votre travail. Racontez votre expérience en 2-3 minutes.

Avant la séance

- Comptez le nombre de participants et décidez de la manière dont vous allez les diviser en petits groupes, en ligne, de manière dispersée, ou par une autre méthode (voir ci-dessous).

Procéssus par étape

1. Présenter l'outil	Présentation	5 minutes

Commencez par expliquer pourquoi vous faites une Analyse SWOT. Rappelez aux participants que vous définissez l'objectif de campagne et que la première étape consiste à comprendre votre situation actuelle, que ce soit du point de vue interne ou externe. Cela vous aidera à avoir une image globale de vos capacités ainsi que de votre environnement. Affichez la diapositive ou la feuille de papier représentant la Matrice SWOT ou dessinez-en une au tableau (un tableau divisé en quatre sections égales dénommées S, W, O et T, voir l'image de la note 1 à la page 16).

Expliquez chaque facteur et donnez des exemples pour chacun. Marquez les forces et les opportunités comme positives, et les faiblesses et les menaces comme négatives. Puis indiquez les forces et les faiblesses comme internes, et les opportunités et les menaces comme externes. Expliquez la différence entre chaque paire de facteurs (par exemple: "Quelle est la différence entre les opportunités et les menaces? Les opportunités sont positives ; les menaces négatives. Et quelle est la différence entre les menaces et les faiblesses? Les faiblesses sont internes et les menaces externes"). Demandez s'il y a des questions.

2. Séparer les participants en quatre petits groupes	Formation des groupes	5 minutes

Selon la taille du groupe, il est recommandé d'utiliser différentes méthodes pour séparer les participants en quatre groupes. **Les lignes** sont efficaces si le nombre de participants est réduit (moins de 20 personnes); demandez aux participants de se mettre en ligne selon leur date de naissance, l'heure à laquelle ils se réveillent le matin ou selon tout autre critère arbitraire. Puis suivez la ligne et divisez-la en quatre segments, chaque segment contenant à peu près un quart du nombre total de participants. Pour un nombre plus élevé (plus de 20 participants), vous pouvez **disperser** les participants aux quatre coins de la pièce, par exemple, en demandant aux personnes nées entre janvier et mars de prendre un coin, ceux nés entre avril et juin, un autre et ainsi de suite.

3. Liste des facteurs	Travail en petits groupes	15 minutes

Une fois que les groupes sont formés, assignez à chaque groupe la tâche de lister un ensemble de facteurs. Le premier groupe doit lister les forces, le second les faiblesses, le troisième les opportunités et le quatrième les menaces. Donnez à chacun une grande feuille de papier et des marqueurs. Demandez s'il y a des questions, puis indiquez aux participants qu'ils ont 15 minutes pour dresser leur liste et l'écrire sur la feuille qui leur a été donnée.

Dès que les groupes commencent à travailler, faites le tour de chaque groupe en leur demandant s'ils ont besoin d'explications et dites-leur de vous appeler s'ils ont besoin d'aide. Faites un autre tour après 5 minutes et informez-les du temps qui leur reste. Demandez à chaque groupe de partager avec vous certains des facteurs qu'ils ont déjà relevés. Guidez-les si nécessaire, en particulier en ce qui concerne la différence entre les facteurs internes et externes. Puis passez une dernière fois entre les tables 5 minutes plus tard et demandez à chaque groupe de terminer et de finaliser la liste, car il ne leur reste plus que quelques minutes. Après 15 minutes de travail en petits groupes, demandez-leur de vous rendre leur feuille.

4. Retour des groupes	Présentations et bref feedback	30 minutes

Demandez à un volontaire du premier groupe (celui qui a dressé la liste des forces) de venir présenter rapidement ses résultats. Après avoir terminé, demandez aux membres du groupe s'ils souhaitent ajouter quelque chose. Puis demandez aux participants s'ils ont des commentaires ou des questions, en particulier s'ils souhaitent ajouter une force qui n'a pas été mentionnée. Si vous pensez que certains des facteurs listés ne sont pas des forces, demandez au groupe pourquoi ceux-ci ont été qualifiés de force ("Ces facteurs sont-ils positifs? Sont-ils internes?"). Après 6 ou 7 minutes, demandez au groupe d'afficher leur liste de facteurs au mur, puis passez au groupe suivant. Répétez la même activité pour chaque groupe.

Veillez à remettre à plus tard toute digression. Demandez aux participants de faire de brefs commentaires, en expliquant que l'objectif de l'Analyse SWOT vise à dresser une liste de facteurs, tandis que la discussion sur les implications et les effets possibles de ces facteurs aura lieu plus tard.

5. Conclure l'exercice	Récapitulation	5 minutes

Remerciez les participants de leurs commentaires et expliquez de nouveau le but de l'Analyse SWOT. Donnez un exemple, tiré de votre expérience, de la manière dont l'Analyse SWOT vous a aidé dans votre travail. Demandez s'il y a des questions.

Notes finales

1. Matrice SWOT (voir image de droite).

2. S'il y a peu de participants (moins de huit personnes), séparez-les en deux groupes, l'un dressant la liste des facteurs internes (forces et faiblesses), et l'autre dressant la liste des facteurs externes (opportunités et menaces). Dans le cas d'un tout petit groupe (quatre participants ou moins), la séparation en petits groupes n'a plus de sens et l'ensemble du groupe devra établir la liste de tous les facteurs, en commençant par les forces, puis en continuant par les faiblesses, les opportunités et les menaces. Dans ce cas, établir la liste des facteurs demandera davantage de temps, mais la présentation et les commentaires ne seront plus nécessaires.

	Positif	Négatif
Interne	F	F
Externe	O	M

ÉLABORATION DE SCÉNARIOS : ANTICIPER LES RÉSULTATS POSSIBLES

Pour définir les objectifs de la campagne, vous devez d'abord comprendre l'état actuel des choses, tant en termes de capacités internes que de l'environnement. Les objectifs que vous définissez seront basés sur cette analyse, ainsi que sur votre plan stratégique. Mais avant de vous concentrer sur l'objectif, il serait utile d'anticiper les évolutions possibles à court et à moyen terme.

L'outil d'élaboration de scénarios peut être utilisé pour développer l'analyse SWOT, qui vous a donné un aperçu des facteurs internes et externes à un moment donné, mais ne vous a pas amplement informé des possibilités d'interaction de ces facteurs à l'avenir. Pour avoir une idée de la façon dont les choses peuvent se dérouler, imaginez des scénarios utilisant les données de l'analyse SWOT.

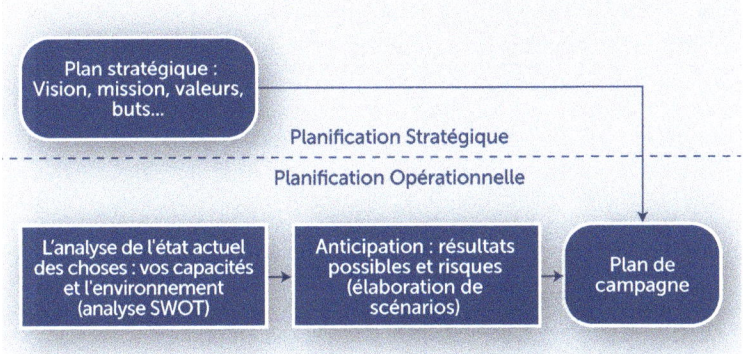

Cet outil est plus ou moins basé sur l'analyse SWOT développée par Heinz Weihrich de l'Université de San Francisco (É.-U.). Après avoir élaboré des scénarios, vous vous retrouvez avec quatre scénarios qui peuvent ne jamais se matérialiser, mais qui forment des limites dans lesquelles un scénario plus réaliste peut se dérouler. L'élaboration de scénarios tient compte des facteurs énumérés dans l'analyse SWOT et tente de prédire comment ils pourraient influer ensemble sur les événements à venir.

Tableau 3 : Élaboration de scénarios

	Forces	*Faiblesses*
Opportunités	SI Scénario idéal ou scénario des vœux pieux	OM Scénario des opportunités manquées ou scénario du gaspillage
Menaces	MP Scénario des menaces parées ou scénario de mobilisation	PS Pire scénario ou Scénario catastrophe

Quatre scénarios possibles sont élaborés en utilisant cet outil: le scénario idéal (SI), le scénario des opportunités manquées (OM), le commentaire du scénario des menaces parées (MP) et le pire scénario (PS) (voir les tableaux 3 et 4). Chaque scénario étudie seulement une paire particulière de facteurs internes et externes et tente de prédire ce qui pourrait se passer si ces deux groupes de facteurs influençaient les développements.

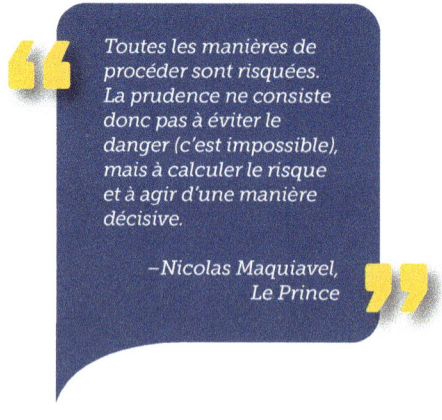

> Toutes les manières de procéder sont risquées. La prudence ne consiste donc pas à éviter le danger (c'est impossible), mais à calculer le risque et à agir d'une manière décisive.
>
> –Nicolas Maquiavel, Le Prince

Le scénario idéal considère seulement les forces et les opportunités. Il prédit les développements dans le cas où les menaces ne se matérialisent jamais et que les faiblesses sont insignifiantes. Il n'est pas réaliste, mais il sert à délimiter la frontière du côté positif. C'est le mieux que l'on puisse espérer. Ce scénario est élaboré en considérant les opportunités et la façon de les exploiter en utilisant vos forces.

Le scénario des opportunités manquées, appelé aussi le scénario du gaspillage ne prend en compte que les faiblesses et les opportunités. Il prédit les développements dans le cas où ni les menaces ni les forces ne se matérialisent, alors que les faiblesses font surface. Il n'est pas réaliste non plus, mais il a pour but de fixer la frontière du côté négatif, "où c'est notre faute". C'est de cela qu'il faut se soucier. Ce scénario est élaboré en tenant compte des opportunités et de la façon dont elles sont ratées ou gaspillées à cause de vos faiblesses.

Le scénario des menaces parées, ou scénario de mobilisation, prend en considération les menaces et les forces. Il prédit un cas où il n'y a pas d'opportunités, rien que des menaces. Toutefois, celles-ci sont parées par vos forces alors que vos faiblesses ne font jamais surface. Il n'est pas réaliste non plus, mais il trace la frontière du côté positif, qui consiste à vaincre la conjoncture. C'est le cas où vous avez réussi à survivre et à triompher contre toute attente.

Le pire scénario tient uniquement compte des menaces et des faiblesses. C'est le cas où il n'y a pas de facteurs d'aide internes ou externes, pas d'opportunités ni de forces. Il trace la frontière du côté négatif où il n'y a "pas de chance". C'est le cas où tout ce qui pourrait aller de travers va effectivement de travers ; c'est une catastrophe complète.

En élaborant des scénarios, il importe de ne tenir compte que des facteurs influents relatifs à ce scénario en rejetant complètement les autres facteurs. Par exemple, dans le pire scénario, les menaces ne sont contrées que par des faiblesses qui rendent l'impact de ces menaces dévastateur. La répression contre les organisateurs de campagne ne rencontre que des divisions internes, ce qui exagère l'effet de la répression. En revanche, dans le scénario des menaces parées, les menaces ne sont contrées que par des forces. Une équipe compétente et motivée, dotée d'un message approprié et capable de le transmettre, fait face à la répression, ce qui a l'effet inverse à celui qui était prévu.

> *Le futur n'est pas écrit. Il existe de meilleurs scénarios. Il existe de pires scénarios. Les deux sont très amusants à décrire si vous êtes un romancier de science-fiction, mais aucun des deux ne se produit dans le monde réel. Ce qui se passe dans le monde réel est toujours un scénario latéral.*
>
> *—Bruce Sterling*

Les scénarios doivent être élaborés sous la forme d'une histoire ou d'un récit dont le réalisme n'est pas nécessaire. En fait, les exagérations sont les bienvenues, car elles vous laisseront en mémoire des images saisissantes de la façon dont les choses pourraient se dérouler dans des situations extrêmes, allant du meilleur scénario optimiste au pire scénario catastrophique. Les quatre scénarios vous aident à mieux comprendre l'importance des facteurs particuliers; par exemple, pourquoi il est important d'éliminer une faiblesse particulière (car elle amplifie l'effet d'une menace) ou pourquoi vous devriez vous concentrer sur une opportunité donnée (car vous pouvez l'exploiter en utilisant certaines de vos forces).

Les scénarios SI et PS sont plus faciles à imaginer, mais les deux autres présentent des risques. Parfois, les activistes ne peuvent s'empêcher de voir les opportunités dans les scénarios MP ou d'utiliser les forces des scénarios d'OM. C'est un facteur que vous devriez prendre en compte lors de l'élaboration de ces scénarios. C'est pourquoi il est important de comprendre que le scénario OM c'est l'histoire "où c'est notre faute" et le MP est le récit "où nous avons vaincu la conjoncture". Vous trouverez ci-dessous à quoi devraient ressembler ces deux scénarios.

Tableau 4 : Exemples de scénarios SI, OM, MP et PS

	Forces	Faiblesses
	• Équipe qualifiée et motivée • Vision attrayante pour le public • Message approprié et capacité de le transmettre	• Manque d'argent • Présence limitée dans certaines parties du pays • Divisions internes et atmosphère de discorde
Opportunités • Existence d'organisations locales de base • Manifestations spontanées contre les pénuries alimentaires • Faiblesse des salaires des fonctionnaires	**SI** À la suite de votre campagne, vous formez une vaste coalition d'organisations locales de base, vous mobilisez les gens autour des pénuries alimentaires et tendez la main aux fonctionnaires mécontents.	**OM** Votre campagne est empêtrée dans des rivalités entre différentes organisations locales. Vous êtes éclipsés par des manifestations spontanées et vous êtes marginalisés.
Menaces • Arrestations possibles des organisateurs de la campagne • Parti pris des médias, couverture négative de la campagne • Tensions élevées, risque de violence spontanée	**MP** Les informations sur les arrestations sont partagées avec la population, et la répression a l'effet inverse que celui prévu. Votre campagne survit à la répression et continue.	**PS** Suite aux arrestations, la campagne est en crise à cause des luttes intestines et des blâmes. La violence éclate, les médias vous en veulent et votre campagne s'écroule.

L'élaboration d'un scénario a un objectif limité et ne doit pas être considérée comme un outil de prédiction, mais plutôt comme un outil permettant d'élargir votre imagination quant à la gamme des résultats possibles. Vous gardez en tête les scénarios élaborés par cet outil lorsque vous continuez à préparer votre campagne, ils servent de frontières à l'intérieur desquelles il est plus probable que des événements se produisent. Mais comme **la planification ne consiste pas à prédire des** résultats réalistes, mais à anticiper tous les résultats possibles, l'outil d'élaboration de scénarios vous aide à anticiper et vous place au bon endroit pour préparer un plan de campagne.

En fait, vous pouvez établir deux plans à partir des histoires dessinées par cet outil. Le premier est le plan de campagne ou le Plan A, qui détaille vos efforts pour passer du scénario OM au SI. Ce plan consiste à exploiter les opportunités en utilisant vos forces tout en utilisant ces opportunités pour éliminer ou du moins pallier vos faiblesses. Le second plan à élaborer est le plan d'intervention d'urgence ou Plan B, qui décrit en détail les efforts que vous déployez pour passer du scénario PS au scénario MP. Il s'agit d'utiliser vos forces pour contrer les menaces tout en minimisant les faiblesses.

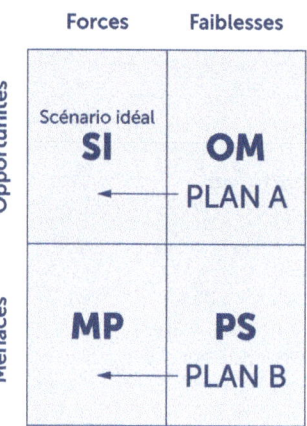

Figure 4 : Plan A et Plan B

Le Plan A est votre plan de campagne. Lorsque vous définissez vos objectifs de campagne, vous définissez les objectifs du Plan A. Le Plan B est votre plan d'urgence. Il n'est mis en œuvre que si les menaces signalées dans l'analyse SWOT commencent à se produire. Idéalement, la seule campagne que vous lancerez sera celle décrite dans le Plan A, mais le Plan B doit être spécifié à l'avance, car si les menaces se matérialisent, vous n'aura pas assez de temps pour planifier une réaction.

Pallier les faiblesses fait partie des deux plans, ce qui signifie **qu'il est essentiel de pallier les faiblesses pour renforcer les capacités de votre campagne, quelle que soit l'évolution des événements.** Bien que le renforcement des capacités ne puisse pas être l'objectif principal de la campagne, celle-ci peut être utilisée pour renforcer les capacités de votre mouvement ou de votre organisation (recruter plus de personnes, renforcer l'unité, augmenter le financement ou le soutien, ou établir une présence dans une certaine partie du pays, par exemple).

Après avoir élaboré des scénarios, vous êtes prêts à produire la première étape du plan de campagne: les objectifs de la campagne, à la fois pour les Plans A et B.

Fiche d'instructions

Élaboration de scénarios			
Créatif	Travail en petit groupe	Document	90 minutes

Bref résumé

Tâches	Activité	Durée (min)
1. Présenter l'outil	Présentation	10
2. Répartissez les participants en quatre petits groupes	Formation des groupes	5
3. Exemples de scénarios (SI, OM, MP et PS)	Travail en petits groupes	15
4. Compte-rendu des petits groupes	Dramatisation et discussion	45
5. Écrire des scénarios	Travail individuel	10
6. Conclure l'exercice	Récapitulation	5
Total :		**90**

Matériel nécessaire	Quand	Utilisation
Feuille prédéfinie avec tableau des scénarios	Présentation	Explication visuelle
	Récapitulation	
Bâtons de différentes longueurs	Formation des groupes	Répartition des participants
SWOT et document d'élaboration de scénarios	Travail individuel	Élaboration de scénarios

Avant l'atelier	Avant la séance
	- Assurez-vous que les participants ont accès aux facteurs énumérés dans l'analyse SWOT (idéalement, en collant ces listes au mur de la pièce).

Processus par étape

1. Présenter l'outil	Présentation	5 minutes

Expliquez pourquoi vous élaborez des scénarios. Rappelez aux participants que vous définissez l'objectif de la campagne, que vous avez énuméré tous les facteurs, internes et externes, utiles et nuisibles lorsque vous avez effectué l'analyse SWOT. Vous devez maintenant comprendre comment ces facteurs peuvent jouer à l'avenir. Placez une diapositive ou une feuille de papier illustrant le tableau des scénarios ou dessinez-en un au tableau (une case divisée en quatre parties avec les lettres SI, OM, MP et PS dans chaque partie ; voir la note en fin de texte 1, à la page 16).

Expliquez et donnez des exemples pour les quatre scénarios: le scénario idéal, les scénarios de l'opportunité manquée, de la menace parée et le pire scénario (un exemple est fourni dans la note en fin de texte 2, à la page 16). Montrez que différents facteurs de l'analyse SWOT produisent différents scénarios (les forces et les opportunités produisent un SI, les faiblesses et les opportunités un scénario OM, etc.). Expliquez la différence entre chaque paire de scénarios (par exemple, quelle est la différence entre PS et MP ? Dans le PS, tout ce qui pouvait mal tourner a mal tourné, y compris votre réaction aux menaces, alors que dans le scénario MP, vous êtes parvenu à surmonter ces menaces en utilisant vos forces. (Vous avez réussi à vaincre la conjoncture.) Demandez s'il y a des questions.

2. Répartissez les participants en quatre petits groupes	Formation des groupes	5 minutes

Demandez aux participants de se remettre dans les mêmes petits groupes que pour l'exercice d'analyse SWOT. Allez d'abord au groupe des forces et demandez-lui de tirer les bâtons du tas. Envoyez la moitié du groupe avec les bâtons plus longs dans un coin de la pièce (le coin du SI) et l'autre dans le coin MP. Répétez ensuite la même chose avec le groupe des faiblesses et envoyez la moitié du groupe au coin OM et l'autre moitié au coin PS. Puis, allez au groupe Opportunités et, en fonction des bâtons qu'ils auront tirés, envoyez la moitié d'entre eux au coin SI et l'autre moitié au coin PS. Enfin, offrez des bâtons au groupe des menaces et envoyez la moitié d'entre eux au coin des PS et l'autre moitié au coin MP. Alors, vous aurez recombiné les participants en quatre nouveaux petits groupes.

Une fois la division terminée, demandez à chaque petit groupe d'élaborer son scénario :

- Le groupe dans le coin du SI doit élaborer le meilleur scénario, en ne tenant compte que des forces et des opportunités, sans tenir compte des faiblesses et des menaces.

- Le groupe dans l'angle OM doit élaborer le scénario relatif aux opportunités manquées en examinant les opportunités et les faiblesses, tout en ignorant les forces et les menaces.

- Le groupe dans le coin MP doit élaborer le scénario des menaces parées en s'appuyant sur les forces et les menaces, sans prêter attention aux faiblesses et aux opportunités.

- Le groupe dans le coin du PS doit élaborer le pire scénario, en ne tenant compte que des faiblesses et des menaces, sans tenir compte des forces et des opportunités.

Expliquez que le but de cet exercice n'est pas d'élaborer des scénarios réalistes ou probables, mais des scénarios possibles, bien que peu probables et certainement extrêmes ; ceci, afin de fixer des limites dans lesquelles l'avenir peut se dérouler. Demandez aux participants s'ils ont des questions, puis dites-leur qu'ils disposent de 15 minutes pour élaborer des scénarios et imaginer un sketch de dramatisation qu'ils joueront devant tout le groupe lors de la prochaine réunion.

3. Élaboration des scénarios (SI, OM, MP et PS)	Travail en petits groupes	15 minutes

Dès que les petits groupes commencent à travailler, circulez et demandez à chaque groupe s'il a besoin de clarification, puis demandez-lui de vous appeler s'il a besoin d'aide. Faites un autre tour cinq minutes plus tard et dites-leur qu'ils sont à mi-chemin. Demandez à chaque petit groupe comment il progresse et donnez-lui des conseils si nécessaire. Ensuite, faites un autre tour cinq minutes plus tard et demandez à chaque groupe de terminer et de mettre les touches finales à la liste, car il ne reste plus que quelques minutes. Quinze minutes après le début du travail en petits groupes, rappelez-les.

4. Compte-rendu des petits groupes	Dramatisation et discussion	45 minutes

Expliquez aux participants que vous allez maintenant dramatiser chaque scénario et en discuter, en commençant par le scénario des opportunités manquées, suivi du scénario idéal. Vous aurez ensuite une brève discussion, après quoi vous allez interpréter et discuter des deux scénarios restants.

Demandez aux membres du groupe OM de monter sur scène et de jouer leur sketch. Quand ils auront terminé, demandez aux membres du groupe du scénario idéal de présenter leur sketch. Lorsque le groupe du scénario idéal aura terminé, demandez aux participants s'ils ont aimé les deux sketches et s'ils ont des commentaires sur ce qu'ils viennent de voir. Demandez-leur quelles sont les principales différences entre les deux scénarios. Pourquoi le groupe du scénario idéal a-t-il été capable d'exploiter les opportunités ? Quelles ont été les plus grandes faiblesses du groupe OM ? Concluez la discussion au bout de 20 minutes.

Demandez maintenant aux membres du groupe PS de jouer leur sketch du pire scénario. Une fois qu'ils auront terminé, demandez au groupe MP de monter sur scène et de jouer. Une fois qu'ils auront terminé, demandez aux participants de donner leur avis sur ces deux sketches. Demandez-leur quelles sont les principales différences entre les deux scénarios. Pourquoi le groupe MP a-t-il été capable de parer les menaces ? Pourquoi les menaces étaient-elles si dévastatrices dans le groupe PS ? Utilisez le temps restant alloué à cette activité pour la discussion.

5. Écrire des scénarios	Travail individuel	10 minutes

Distribuez les documents du SWOT et des scénarios aux participants et demandez-leur de noter les facteurs figurant sur les listes affichées au mur de la salle, puis de décrire par écrit les quatre scénarios auxquels ils viennent d'assister. Expliquez que vous utiliserez ces informations plus tard lorsque vous commencerez à définir les objectifs de la campagne.

6. Conclure l'exercice	Récapitulation	5 minutes

Remerciez les participants pour leurs sketches et montrez-leur à nouveau le tableau des scénarios. Tracez deux flèches, l'une allant d'OM à SI, intitulée "Plan A" et l'autre, de PS à MP, intitulée "Plan B". Expliquez que vous êtes maintenant prêt à élaborer deux plans de campagne: le Plan A et le Plan B. Le plan A vous éloignera du scénario relatif aux opportunités manquées pour devenir le scénario idéal. Votre second plan et plan d'urgence, le Plan B, correspond à ce que vous envisagez si le Plan A échoue. Ce plan vous éloigne du pire scénario au scénario des menaces parées. Demandez s'il reste des questions, puis commencez.

Notes finales

1. Tableau des scénarios (voir image ci-dessous).

2. Exemples de scénarios SI, OM, MP et PS :

"Supposons qu'un jeune homme veuille épouser une jeune fille. Ses forces sont qu'il est charmant et beau, mais sa faiblesse est qu'il est sans le sou. L'opportunité qui existe est que la fille est amoureuse de lui, mais la menace est que ses parents aimeraient voir leur fille épouser quelqu'un qui a beaucoup d'argent... Le scénario idéal est qu'il est charmant, beau et qu'elle est amoureuse de lui, alors ils se marient. Le scénario de l'opportunité manquée est qu'elle est amoureuse de lui, mais comme il est sans le sou, il n'ose pas la demander en mariage, il cherche plutôt un travail. Selon le scénario de la menace parée, il est charmant et beau et parvient à charmer ses parents alors, ils ne s'opposent pas au mariage. Dans le pire des cas, il est sans le sou et les parents persuadent leur fille qu'elle devrait chercher un meilleur prétendant. Comme vous pouvez le constater, dans les scénarios SI et OM, vous ne vous souciez pas des parents de la fille, et dans les scénarios MP et PS, vous ne vous souciez pas de la fille. Dans les scénarios SI et MP, vous ne vous souciez pas du fait que le prétendant soit sans le sou, tandis que dans les scénarios PS et OM, vous ne vous souciez pas du fait qu'il soit charmant et beau. Tous ces scénarios sont improbables, mais ils définissent les limites à l'intérieur desquelles un scénario plus réaliste aura lieu."

CRITÈRES SMART : ÉTABLIR DES OBJECTIFS DE CAMPAGNE

Le premier élément du plan de campagne est l'objectif de campagne. Il répond à la question : "Que voulez-vous réaliser à l'aide de votre campagne?" Les objectifs de campagne dépendent de votre plan stratégique, de votre analyse de la situation actuelle, de vos capacités et de l'environnement dans lequel vous évoluez. Les bons objectifs de campagne font progresser votre stratégie à long terme, comme indiqué dans votre plan stratégique. Ils prennent également en compte tous les facteurs internes et externes, utiles comme préjudiciables (que vous avez compris à l'aide de l'analyse SWOT). De bons objectifs de campagne peuvent également être testés par rapport à tous les développements possibles à l'avenir (du scénario idéal au pire scénario), qui peuvent résulter de l'interaction de ces différents facteurs et que vous devez également pouvoir anticiper (en élaborant des scénarios).

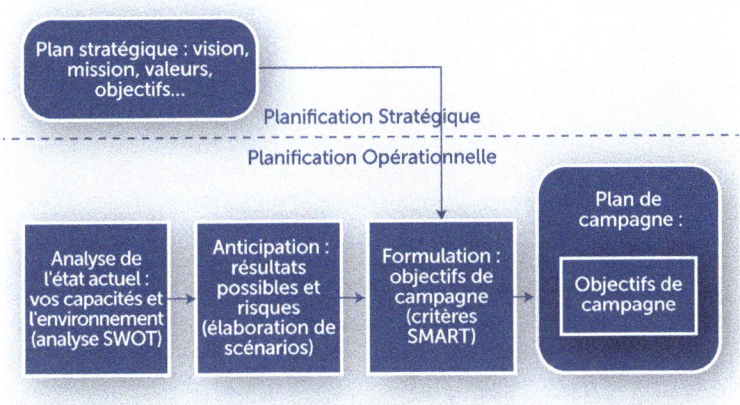

Lorsque vous établissez des objectifs de campagne, vous pouvez utiliser des critères SMART pour définir des objectifs SMART. SMART est un acronyme utilisé pour la première fois par George T. Doran en 1981, et les critères SMART sont généralement attribués au concept de gestion par objectifs de Peter Drucker. Différents critères ont été associés à ces lettres au fil des années, mais l'utilisation la plus courante des lettres de l'acronyme est la suivante :

S – spécifique
M – mesurable
A – réalisable
R – pertinent
T – limité dans le temps

Le critère "spécifique" souligne la nécessité de définir des objectifs concrets plutôt que vagues. **Les objectifs spécifiques concernent le** changement de comportement plutôt que l'opinion. Sensibiliser et pousser à la réforme sont des exemples d'objectifs peu clairs. Obtenir 10 000 signatures pour une pétition ou faire adopter un projet de loi au Parlement sont des exemples d'objectifs spécifiques.

Le deuxième critère vous indique l'importance de l'évaluation. **Les objectifs que vous pouvez mesurer à la fin de la campagne sont importants pour établir un bilan positif.** Il est également important de pouvoir mesurer les progrès réalisés. Ceci est possible pour certaines campagnes (par exemple, si vous organisez une campagne de pétitions, vous pouvez facilement mesurer ses progrès en cours), tandis que pour d'autres, vous ne pouvez faire d'évaluation qu'une fois la campagne terminée (les campagnes électorales en sont un bon exemple). Mais même dans ces cas, vous devriez trouver des moyens de mesurer vos progrès et d'apporter les ajustements nécessaires à votre campagne si nécessaire.

Les objectifs doivent également être réalisables plutôt qu'irréalistes. **Cela signifie que l'objectif doit être choisi après une analyse minutieuse de vos capacités, de l'environnement et, plus important encore, de vos forces** en tant que facteurs internes utiles que vous pouvez contrôler. Persuader les gens de soutenir et de rejoindre vos efforts dépendra largement de ce critère. Établir un bilan positif est bien plus réalisable par le biais de petites victoires (objectifs réalisables et finalement atteints).

Nous disons qu'un objectif est pertinent s'il est lié à l'objectif à long terme défini dans votre plan stratégique et **si vous pouvez voir en quoi cet objectif est au service de votre stratégie à long terme.** Ce critère vous aide à maintenir toutes vos campagnes dans votre cadre stratégique afin que vous sachiez pourquoi vous mettez en œuvre une campagne particulière. La plupart des gens ne liront pas votre énoncé de mission, mais ils y seront exposés à travers vos actions dans le cadre d'une campagne. Par conséquent, ils devraient être en mesure de voir et de comprendre votre stratégie à travers vos campagnes. C'est pourquoi il doit exister un lien clair entre les objectifs de campagne et les objectifs stratégiques.

Les objectifs limités dans le temps précisent quand et comment la campagne se terminera. **Les campagnes ne doivent pas être à durée indéterminée ; elles doivent avoir un début et une fin organisés autour d'un calendrier clair.** Cela est vrai même si les objectifs ne sont pas atteints ou si vous ne produisez pas les résultats escomptés. Une fois la campagne terminée, vous pouvez mesurer son succès. Il est rare que les campagnes échouent ou réussissent pleinement, ce qui vous permet de voir ce qui a fonctionné et ce qui n'a pas fonctionné et vous permet de tirer des enseignements pour les futures campagnes.

Exemple de critère SMART : La Marche du sel de Gandhi

La Marche du sel est l'une des campagnes les plus importantes de la lutte non violente menée par les Indiens pour obtenir leur indépendance du pouvoir britannique. Gandhi a écrit une lettre au Vice-roi peu de temps avant d'entamer un voyage à pied de 380 km jusqu'à l'océan Indien pour recueillir du sel et enfreindre ainsi les lois sur le sel. Dans cette lettre, il énonçait l'objectif de la campagne, qui mettait en cause le monopole britannique sur le sel et, finalement, la domination britannique sur l'Inde :

> "Si ma lettre ne vous émeut pas, le onzième jour de ce mois-ci, je procéderai, avec autant de collaborateurs de l'Ashram que possible, à faire fi des dispositions des lois sur le sel. Je considère que cette taxe est la plus inique de toutes du point de vue du pauvre. Comme le mouvement de la souveraineté et de l'autodétermination est essentiellement destiné aux plus pauvres du pays, il commencera en défiant ce mal."

- Lettre de Gandhi au Vice-roi, Lord Irwin, le 2 mars 1930.

Analysons la Marche du sel de Gandhi en utilisant les critères SMART.

Spécifique	"... à faire fi des dispositions des lois sur le sel."
Mesurable	"Je procéderai [...] à faire fi des dispositions ..."
Réalisable	"Je procéderai, avec autant de collaborateurs de l'Ashram que possible..."
Pertinent	"Je considère cette taxe comme la plus inique de toutes du point de vue du pauvre. Comme le mouvement de la souveraineté et de l'autodétermination est essentiellement destiné aux plus pauvres du pays, il commencera en défiant ce mal".
Limité dans le temps	"... Le onzième jour de ce mois, je procéderai..."

Il est important de noter la différence entre l'objectif et l'effet de la campagne de la Marche du sel. Gandhi a entrepris la désobéissance civile et a enfreint les lois sur le sel à 6 h 30 le 6 avril 1930, ce qui signifiait que l'objectif spécifique de la campagne était atteint. En soi, c'était plutôt symbolique. Cependant, la campagne a eu un effet important et considérable sur le changement d'attitude des gens à l'égard de la souveraineté indienne et a amené un grand nombre d'Indiens à se joindre à la lutte pour l'indépendance.

Après avoir utilisé l'analyse SWOT et l'élaboration de scénarios dans votre processus de planification opérationnelle, vous pouvez utiliser des critères SMART pour définir des objectifs pour votre plan de campagne (plan A) et votre plan d'urgence

Il n'y a pas de vent favorable pour le bateau qui ne connaît pas son port.
—Séneca

(plan B). L'objectif du plan A est spécifique s'il exploite des possibilités concrètes de vous éloigner du scénario MO au profit du scénario BC. Il est mesurable si vous pouvez évaluer et mesurer comment ces opportunités ont été utilisées. Il est également mesurable si vous pouvez comparer vos faiblesses avant et après la fin de la campagne et déterminer si certaines de ces faiblesses ont été corrigées ou totalement surmontées. L'objectif du plan B est spécifique s'il reconnaît et fait face à des menaces concrètes qui vous éloignent du scénario WC au profit du scénario CT. Il est mesurable si vous pouvez mesurer la réduction de ces menaces, surtout si vous pouvez mesurer vos faiblesses et déterminer si elles ont été aggravées par ces menaces.

Les objectifs des plans A et B sont réalisables s'ils utilisent vos forces réalistes, car ces dernières sont des facteurs positifs que vous contrôlez. Elles sont pertinentes si elles se rapportent à vos objectifs stratégiques. Elles sont liées dans le temps si la campagne a un début et une fin, soit en termes absolus (dates exactes), soit en termes relatifs (par rapport à des événements externes ou à d'autres campagnes que vous planifiez).

Remarque: On peut potentiellement utiliser des critères SMART lors de la définition des objectifs stratégiques, mais cela ne constitue pas la meilleure utilisation de cet outil, puisqu'un plan stratégique est vaste et de grande envergure et n'inclut donc pas d'objectifs spécifiques. Mesurer les résultats d'un plan stratégique est également problématique, car la mise en œuvre de la stratégie prend des années. Vous pouvez mesurer les progrès plus facilement que les résultats. **Les objectifs stratégiques ne paraissent pas toujours réalisables, du moins au début, car la capacité requise pour les atteindre se constituera au fil du temps, au cours de la mise en oeuvre de la stratégie.** Il est également difficile d'envisager un objectif à long terme et à durée limitée, puisqu'un avenir aussi lointain n'est pas très limité dans le temps et peut prendre cinq ans, dix ans ou même plus. Mais les objectifs stratégiques peuvent et doivent toujours être pertinents: ils doivent être liés à votre vision, à votre mission et à vos valeurs.

Fiche d'instructions

Critères Smart			
Analytique	Travail individuel	Document	30 minutes

Bref résumé

Tâches	Activité	Durée (min)
1. Présenter l'outil	Présentation	10
2. Noter les objectifs	Travail individuel (à l'aide du document SMART)	15
3. Conclure l'exercice	Récapitulation	5
Total :		**30**

Matériel nécessaire | Quand | Utilisation

Matériel nécessaire	Quand	Utilisation
Tableau papier préparé d'avance avec les critères SMART énumérés	Présentation	Explication visuelle
Extrait de la lettre de Gandhi	Présentation	Exemple
Documents SMART	Travail individuel	Objectifs de la rédaction
Stylos		

Avant l'atelier | Avant la séance

Avant l'atelier	Avant la séance
- Écrivez l'extrait de la lettre de Gandhi à Lord Irwin sur une grande feuille de papier (voir la note de fin de texte 1, à la page 39).	- Assurez-vous que les participants ont accès à la liste des objectifs généraux (de préférence en les affichant au mur de la salle).

Processus par étape

1. Présenter l'outil	Présentation	10 minutes

Expliquez le but des critères SMART pour vous guider dans la définition d'objectifs clairs et compréhensibles. Affichez la feuille de papier avec les critères énumérés et expliquez-la en donnant des exemples pour chaque lettre de l'acronyme.

Affichez l'extrait de la lettre de Gandhi sur le tableau ou au mur derrière vous (voir la note de fin de texte 1, à la page 39). Décrivez brièvement la campagne de la Marche du sel et dites aux participants que vous allez maintenant regarder la lettre que Gandhi a écrite à Lord Irwin. Lisez à voix haute l'extrait qui expose l'objectif de la campagne.

Demandez aux participants si cet objectif est spécifique. Demandez-leur de lire cette partie du texte. Demandez si c'est mesurable. Demandez si c'est réalisable. S'ils disent oui, demandez pourquoi. Demandez en quoi c'est pertinent. Demandez si c'est limité dans le temps. Soulignez chaque partie de la lettre qui répond à un critère. Dites ensuite aux participants qu'ils vont définir leurs propres objectifs SMART.

2. Noter les objectifs	Travail individuel	15 minutes

Distribuez des documents SMART. Demandez aux participants de choisir un objectif et de le reformuler en répondant aux questions figurant sur le document (quoi, quand, comment et pourquoi). Donnez-leur quelques minutes pour terminer la tâche. Puis, demandez-leur de donner le document à la personne à leur droite et de continuer à passer les documents qu'ils reçoivent (de la personne à leur gauche) à la personne à leur droite jusqu'à ce que vous disiez d'arrêter.

Après que vous ayez dit "Stop", demandez aux participants de lire l'objectif qu'ils ont entre les mains et de cocher les cases appropriées dans les documents distribués s'ils pensent que cet objectif répond à l'un des critères SMART. Demandez-leur de faire des suggestions sur la façon d'améliorer l'objectif du document s'ils n'ont pas coché toutes les cases ou s'ils ont de nouvelles idées.

Donnez-leur quelques minutes, puis demandez-leur de passer le document à la personne à leur droite et continuez à le faire passer jusqu'à ce qu'ils se retrouvent avec leur document original.

Dites aux participants d'ajuster leurs objectifs si nécessaire, en fonction des suggestions qu'ils ont reçues.

| 3. Conclure l'exercice | Récapitulation | 5 minutes |

Demandez aux participants s'il existe des objectifs qui ne répondent pas aux critères SMART. S'il y en a, proposez des suggestions pour les améliorer. Demandez s'il reste des questions.

Notes finales

1. Extrait de la lettre de Gandhi à Lord Irwin :

> *"Si ma lettre ne vous émeut pas, le onzième jour de ce mois-ci, je procéderai, avec autant de collaborateurs de l'Ashram que possible, à faire fi des dispositions des lois sur le sel. Je considère que cette taxe est la plus inique de toutes du point de vue du pauvre. Comme le mouvement de la souveraineté et de l'autodétermination est essentiellement destiné aux plus pauvres du pays, il commencera en défiant ce mal."*

- Lettre de Gandhi au vice-roi, Lord Irwin, le 2 mars 1930

2. Le document avec les critères SMART ressemble à ceci :

Objectif de la campagne

Que voulons-nous faire?

Quand voulons-nous le faire?

Pourquoi voulons-nous le faire?

Comment allons-nous le faire?

Spécifique? ☐

Mesurable? ☐

Réalisable? ☐

Pertinent? ☐

Limité dans le temps? ☐

L'ÉVENTAIL DES ALLIÉS : DÉFINIR LES PARTIES PRENANTES

Dans une campagne, le message est fondamental. On peut dire que toute la campagne est préparée dans le but de transmettre un message. Toutes les approches et les activités de la campagne et ses contenus portent ce même message appuyé encore et encore et adapté aux audiences cibles spécifiques. À terme, le message vise à changer les comportements, pas seulement les perceptions et les croyances. Voilà pourquoi les campagnes doivent se poursuivre sur des périodes plus longues (généralement plusieurs mois) pour permettre au message d'être assimilé et générer le changement.

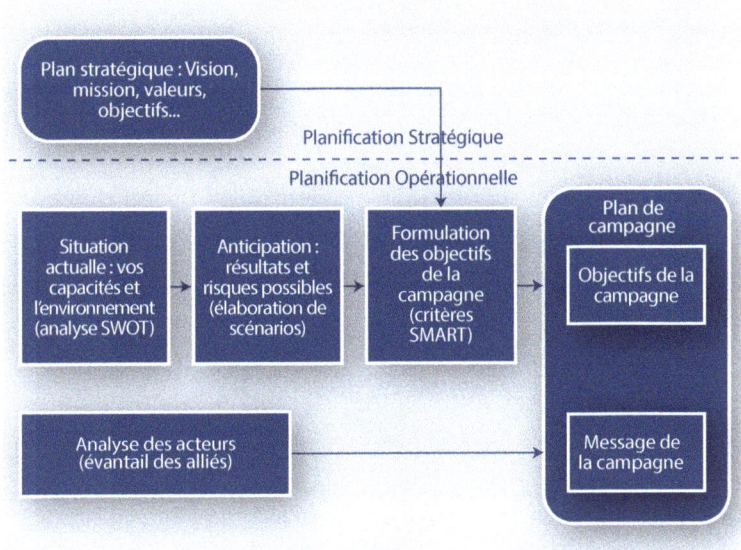

Avant de mettre au point le message de la campagne, vous devez définir vos audiences cibles, c'est-à-dire les destinataires de ce message. Votre campagne ne peut atteindre ni émouvoir tous les membres de la société ; **vous devez donc définir clairement ceux qui, d'une manière ou d'une autre, sont concernés par le sujet abordé par la campagne, qu'ils soutiennent votre position ou non.** Par exemple, si le thème de la campagne concerne l'éducation, l'audience inclurait les élèves et les étudiants, les enseignants et les administrateurs, mais aussi les parents. Si la campagne porte sur une réforme agraire, vous viseriez les agriculteurs, les paysans sans terres et les propriétaires terriens, mais aussi les travailleurs agricoles et d'autres groupes liés directement ou indirectement au secteur de l'agriculture.

Choisissez un sujet et interrogez un segment assez large de la population, vous constaterez que tout le monde n'a pas la même position sur ce sujet ; certains le soutiennent, certains s'y opposent, certains sont neutres. Et même au sein de chaque segment de population, tout le monde ne soutient pas ou ne s'oppose pas à un sujet avec le même niveau de conviction et d'enthousiasme. Voilà pourquoi le message de campagne doit être adapté soigneusement à chaque audience cible de manière à ce qu'il corresponde à ses perceptions, qu'il soit pertinent pour sa situation, qu'il crée un intérêt et un engagement et qu'il aboutisse aux changements de comportements souhaités.

L'outil vous permettant de distinguer les différentes audiences cibles est appelé l'éventail des alliés (voir la figure 5). Développé par George Lakey de Training for Change il y a une cinquantaine d'années, il intègre la notion selon laquelle la cible de votre campagne n'est pas monolithique, mais segmentée et s'étend à travers un éventail. Ainsi, votre message de campagne doit consister en un certain nombre de sous-messages, chacun adapté à une audience cible particulière.

Figure 5

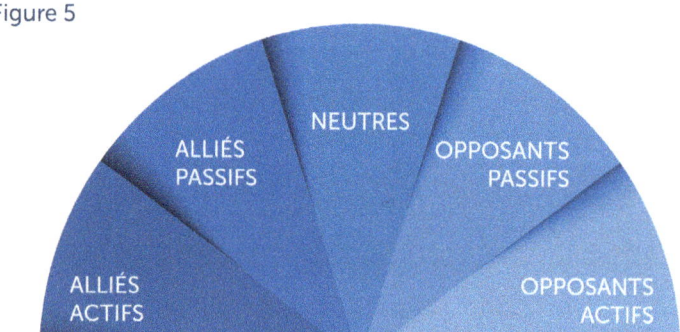

Source : *Training for Change*

En utilisant l'éventail pour définir vos audiences cibles, vous pourrez les catégoriser selon plusieurs segments. À gauche de l'éventail se trouvent ceux qu'on appelle les alliés actifs, les personnes et groupes qui partagent votre position sur la campagne et souhaitent agir (offrir leur aide ou des ressources, appuyer votre campagne, s'impliquer ou aider d'une autre façon). Il s'agit de personnes déjà activement impliquées et sur lesquelles votre campagne peut compter.

Dans le segment suivant se trouvent les alliés passifs, personnes et groupes soutenant votre campagne passivement, ou partageant simplement votre position sur le sujet, sans savoir qu'il existe une campagne la soutenant. Il s'agit de personnes que votre campagne peut convertir en alliés actifs sans trop de difficultés, ces personnes étant déjà convaincues de la validité de votre position ; elles ne sont seulement pas encore impliquées.

Le segment central et, dans la plupart des cas, le plus large, est représenté par les personnes **neutres**, qui ne soutiennent ni ne sont opposées à votre position sur le sujet. Elles peuvent ignorer tout de la question ou y être indifférentes, mais dans tous les cas, elles ne sont pas mobilisées, ni par vous ni par vos opposants.

Le segment au centre à droite est composé des personnes et groupes qui sont opposés à vous et à votre campagne, mais qui restent passifs. Elles ne sont engagées dans aucune activité sapant vos efforts, mais elles ne sont pas de votre côté et n'adhèrent pas à votre position, même si leur détermination n'est pas très ferme. Ce sont des **opposants passifs**.

> ### Étude de cas : Mouvement des droits civiques aux États-Unis
>
> En 1964, le Comité de coordination non violent des étudiants (SNCC), moteur majeur du mouvement des droits civiques dans le sud des États-Unis, a conduit une analyse de l' "éventail des alliés". Il a déterminé qu'il avait de nombreux alliés passifs qui étaient étudiants dans le Nord : ces étudiants étaient des sympathisants, mais n'avaient pas de point d'entrée dans le mouvement. Ils n'avaient pas besoin d'être "informés" ni convaincus, ils avaient seulement besoin d'une invitation à entrer dans le mouvement.
>
> Pour faire passer ces alliés de "passifs" à "actifs", le SNCC a envoyé des bus dans le Nord pour amener ces étudiants à participer à la lutte sous la bannière "Freedom Summer" (l'été de la liberté). Les étudiants ont afflué, et beaucoup ont été profondément radicalisés dans le processus, témoins de lynchage, d'abus policiers violents et de foules blanches en colère, tout simplement parce que des activistes noirs voulaient voter.
>
> Beaucoup ont écrit des lettres à leurs parents, qui soudainement avaient un lien avec la lutte. Cela a déclenché un autre levier : leurs familles sont devenues des alliés passifs, entraînant souvent leur lieu de travail et leurs réseaux sociaux. Les étudiants sont ensuite retournés en cours à l'automne et ont procédé à l'organisation de leurs campus. Encore plus de leviers. Le résultat : une transformation profonde du paysage politique des États-Unis. Il est important de souligner que ce flot de changement n'a pas été spontané; il faisait partie d'une stratégie délibérée du mouvement qui, encore aujourd'hui, apporte des leçons à d'autres mouvements.
>
> (Joshua Kahn Russell, Espectro de aliados, Beautiful Trouble)

Le segment à l'extrémité droite de l'éventail est appelé **opposants actifs**, composés de personnes et de groupes faisant tout ce qu'ils peuvent pour saper vos efforts. Ces personnes ont une vision opposée sur le sujet, tentant activement de combattre votre position et vos efforts.

L'idée derrière l'éventail des alliés est de recenser toutes les parties prenantes pertinentes et de les placer dans l'éventail selon leur position par rapport au sujet et leur volonté de se battre pour leur position. Votre campagne doit avoir un effet très spécifique sur ces personnes, **pour les déplacer un segment plus proche de votre position; c.-à-d. un segment sur la gauche.** En d'autres termes, votre objectif n'est **pas** de convertir des opposants actifs en alliés actifs (ni même de convertir des opposants passifs ou neutres en alliés actifs), mais de les faire se déplacer juste d'un segment à gauche sur l'éventail. Vous devez faire passer les opposants actifs à opposants passifs, les opposants passifs en neutres, les neutres en alliés passifs et enfin les alliés passifs en alliés actifs. Vous devez être conscients que vos opposants ne restent pas inactifs non plus et qu'ils s'efforceront de faire passer les groupes du côté opposé.

En réussissant un léger déplacement vers la gauche de nombreux segments de la population, vous aurez un impact significatif sur le repositionnement global des parties prenantes. Les changements comportementaux que vous cherchez à induire sont peu marqués et donc réalistes. Vous n'avez pas à convaincre les opposants actifs qu'ils ont tort. Ils peuvent continuer à avoir leurs opinions, mais vous devez essayer de déstabiliser leur position déterminée contre vous. Vos opposants passifs n'ont pas à changer d'avis complètement en abandonnant leurs opinions et en acceptant les vôtres ; affaiblir leur position et les faire passer à neutres sera suffisant. Tout comme les individus classés comme neutres, ils n'ont pas besoin de prendre un rôle actif dans votre campagne. Vous devez seulement les rendre plus compatissants à votre cause. Le soutien et l'engagement actifs sont ce que vous souhaitez tirer des alliés passifs, ceux qui sont déjà convaincus que votre position sur le sujet est la bonne.

Lors de l'utilisation de l'éventail des alliés, **il est important de dresser la liste de toutes les parties prenantes pertinentes avant de les positionner sur l'éventail.** Les alliés actifs et les opposants actifs sont les plus faciles à définir, mais une analyse détaillée révélera d'autres groupes et personnes, actuellement en marge de la question liée à un sujet donné. Ces personnes peuvent s'avérer déterminantes pour faire pencher la balance dans votre sens en créant une masse critique qui n'est plus silencieuse sur le sujet, autrement dit, qui se mobilise et crée une pression supplémentaire sur ceux qui s'opposent à vous pour qu'ils abandonnent ou renoncent.

N'oubliez pas non plus que vous devez viser à créer des changements progressifs et incrémentaux dans le comportement des personnes ciblées par votre campagne. Ainsi, vous n'êtes pas très intéressés par vos opposants actifs, excepté pour réduire leur enthousiasme et leur volonté de lutter. Ce que vous recherchez plutôt, c'est d'influencer les segments de l'éventail se trouvant au centre, les personnes neutres ainsi que les alliés passifs et les opposants passifs.

Néanmoins, pour chaque segment, le changement comportemental sera légèrement différent, et votre message doit le refléter. Le changement comportemental désiré pour les alliés passifs vise à les rendre plus actifs, c.-à-d. impliqués dans votre campagne, pour les personnes neutres à les rendre favorables à votre cause, et pour les opposants passifs à les faire douter de leur position sur le sujet. Et même à l'intérieur de chaque segment, les groupes peuvent nécessiter différents types de diffusion du message. Les jeunes neutres par rapport aux neutres âgés en sont un exemple.

Si un outil permet de parfaitement mettre en évidence la dynamique de la résistance civile, c'est bien celui de l'éventail des alliés. Il présente les niveaux variés de soutien que différents groupes vous apportent ainsi que la transformation progressive de la loyauté (un segment vers la gauche) qui est l'objectif d'une lutte non violente. Voilà pourquoi, outre qu'il permet de formuler des messages de campagne, l'éventail des alliés peut également être utilisé pour introduire la résistance civile comme méthode plus étendue.

Fiche d'instructions

Éventail des alliés			
Analytique	Travail de groupe	Document	30 minutes

Bref résumé

Tâches	Activité	Durée (min)
1. Présenter l'outil	Présentation	5
2. Dresser la liste des parties prenantes	Travail de groupe	10
3. Positionner les parties prenantes sur l'éventail	Travail de groupe	10
4. Conclure l'exercice	Récapitulation	5
Total :		**30**

Matériel nécessaire	Quand	Utilisation
Papillons adhésifs	Travail de groupe	Dresser la liste des parties prenantes
Éventail des alliés prédéfini (voir note 1, à la page 50)	Travail de groupe	Positionner les parties prenantes

Avant l'atelier	Avant la séance
	Mettre à disposition l'objectif de campagne, idéalement en l'affichant au mur de la salle.

Processus par étape

| 1. Présenter l'outil | Présentation | 5 minutes |

Commencez en expliquant pourquoi utiliser l'éventail des alliés. Rappelez aux participants que vous disposez déjà de l'objectif de campagne, mais qu'il vous reste à rédiger son message. Pour cela, la première étape consiste à définir clairement les audiences cibles; cet outil vous y aidera. Affichez la fiche prédéfinie de l'éventail ou tracez-en un au tableau. Expliquez et donnez des exemples pour chaque segment de l'éventail. Expliquez la différence entre les alliés actifs et passifs et les opposants actifs et passifs. Expliquez le segment neutre se trouvant sur l'éventail. Demandez s'il y a des questions.

| 2. Dresser la liste des parties prenantes | Travail de groupe | 10 minutes |

Distribuez aux participants des papillons adhésifs et demandez-leur de sortir leurs stylos. Invitez-les à penser à un groupe, formel ou informel, qui d'une certaine façon, est lié au sujet sur lequel votre campagne est axée. Demandez-leur d'inscrire le nom du groupe sur un papillon adhésif, puis de le nommer. Expliquez que si le groupe auquel ils pensaient est cité par quelqu'un d'autre, ils doivent essayer de réfléchir à un autre groupe et l'écrire.

| 3. Positionner les parties prenantes | Travail de groupe | 10 minutes |

Demandez aux participants de se lever un par un et de s'approcher de l'éventail pour placer leur papillon adhésif dans le segment approprié de l'éventail. Demandez aux participants s'ils sont d'accord avec la place de ce groupe. Discutez brièvement s'il y a une contradiction et passez au participant suivant. Veuillez noter que parfois, un groupe sera divisé et placé dans un ou deux segments différents comme la "presse progressive", la "presse traditionnelle" et la "presse gouvernementale" ou les "chrétiens fondamentalistes" et les "chrétiens de la théologie de la libération". Il est important de saisir ces différences dans les catégories les plus larges de la population. Après avoir collé tous les papillons adhésifs, demandez aux participants si tous les segments ont été abordés et s'il existe d'autres groupes devant se trouver dans l'éventail.

| 4. Conclure l'exercice | Récapitulation | 5 minutes |

Remerciez les participants de leur travail et expliquez de nouveau le but de l'éventail des alliés. Demandez s'il y a des questions.

Notes finales

Le Spectre des alliés (voir image ci-dessous).

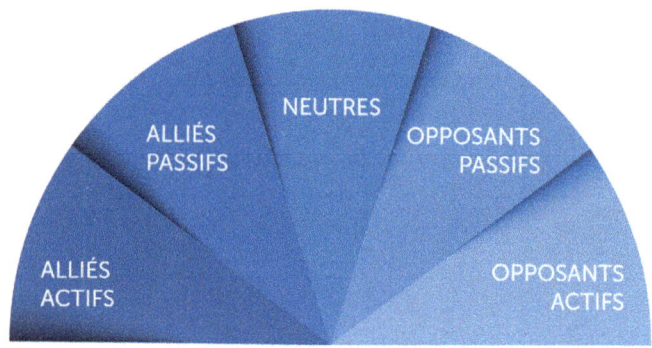

CADRE DES PERCEPTIONS : ANALYSE DES CONVICTIONS ET DES SENTIMENTS DES PARTIES PRENANTES

La communication est au cœur de votre campagne et, si le message est conçu avec soin, elle aura un impact plus important. C'est pourquoi la compréhension du public cible est essentielle au succès d'une campagne. Une fois que vous avez défini différentes parties prenantes et que vous les avez positionnées sur l'éventail des alliés, vous pouvez analyser leurs perceptions pour mieux éclairer votre processus de dévelopement de la communication et élaborer le message optimal. Les messages doivent être soigneusement adaptés à chaque public cible, et la compréhension des perceptions des différents publics est essentielle pour concevoir un message qui trouvera un écho. En d'autres termes, vous devez savoir à qui vous vous adressez et leurs perspectives concernant la campagne. Cela vous permettra de dire à chaque public quelque chose qui le rapprochera de vous.

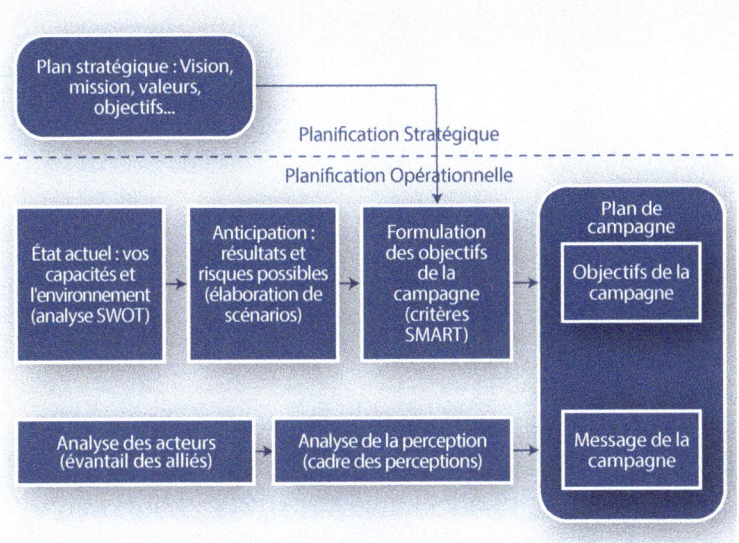

Le **cadre des perceptions** est un outil qui vous aide à comprendre ces perceptions. La version utilisée ici est une adaptation du cadre des messages de Tully (nommé d'après le stratège politique Paul Tully), qui est souvent utilisé dans les campagnes électorales. Le cadre des messages d'origine sert à créer un message qui aidera un candidat à se démarquer de ses concurrents. La version modifiée présentée ici, appelée "cadre des perceptions", ne concerne pas uniquement vos adversaires actifs aux élections, mais chaque segment que vous avez défini dans l'éventail des alliés.

Le cadre des perceptions comporte quatre quadrants. Le premier quadrant, intitulé "Nous à notre sujet", répertorie tout ce que vous dites sur vous-même et sur votre campagne. Il reflète à la fois vos éléments de communication stratégiques — votre identité en tant qu'organisation/coalition/mouvement (votre marque) — et vos affirmations relatives à la campagne que vous lancez. Il répertorie qui vous êtes, ce que vous voulez et pourquoi. Non seulement il spécifie votre vision globale (vos fins) et votre mission (vos moyens), mais il précise également vos griefs et vos revendications.

Le deuxième quadrant, intitulé "Nous à leur sujet", répertorie votre perception des publics cibles donnés. Lorsque vous définissez le cadre des perceptions pour vos adversaires passifs et actifs, vous indiquez dans ce quadrant votre perception d'eux, comme dans le cadre des messages de Tully. Toutefois, lorsque vous développez le cadre des perceptions pour les neutres ou les alliés passifs, vous dressez une liste de vos perceptions à l'égard de ce public cible, y compris les idées fausses que vous pourriez avoir à leur sujet.

Nous à notre sujet	Nous à leur sujet
Eux à notre sujet	Eux à leur sujet

Le troisième quadrant, intitulé "Eux à notre sujet", répertorie les perceptions que des publics cibles spécifiques ont de vous et de votre campagne, y compris les idées fausses. Lors de la définition de ce quadrant pour les neutres, les adversaires passifs ou les adversaires actifs, vous devez répertorier toutes les réserves qu'ils émettent à votre sujet. Dans le cas des alliés passifs, vous devez faire état des inhibitions et des raisons expliquant leur manque de participation active à la campagne.

Dans le quatrième et dernier quadrant, "Eux à leur sujet", vous indiquez les perceptions du public cible à son sujet, en particulier les raisons pour lesquelles il occupe ce segment particulier de l'éventail. Pour les neutres, vous devez savoir pourquoi ils sont neutres sur la question, s'ils en ont conscience ou non, s'ils sont apathiques ou non, etc. Pour les adversaires actifs et passifs, vous devez

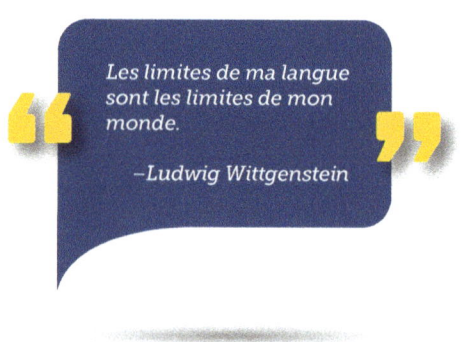

Les limites de ma langue sont les limites de mon monde.

–Ludwig Wittgenstein

comprendre la raison de leurs convictions et de leur position sur la question. Pour les alliés passifs, vous voulez comprendre pourquoi ils restent inactifs bien qu'ils partagent la même position que vous sur la question.

Remarque: Pour simplifier l'analyse et l'intégrer à un atelier, vous pouvez imaginer ce que ressentent les autres et utiliser les informations que vous possédez à leur sujet. Pour développer un ensemble d'informations plus solide, **vous pouvez utiliser des questionnaires, des sondages ou même des groupes de discussion avec les segments de la population que vous analysez pour obtenir un retour direct de leur part.**

Une fois que ces perceptions sont répertoriées, discutées et finalisées, vous pouvez utiliser le cadre des perceptions pour combler le fossé entre vous et le public cible donné par le biais du message que vous êtes sur le point de rédiger. L'analyse du public cible et de ses perceptions jette les bases de l'élaboration du message. Elle vous fournit les éléments nécessaires pour rédiger le message de la campagne, qui doit répondre à certains critères :

- Le message doit être clair. Il doit indiquer à la fois le problème et la proposition ou "demander" au public cible avec clarté et en des termes relativement simples.

- Le message doit être accrocheur, attirer l'attention du public cible et laisser une impression durable.

- Enfin, le message doit créer un changement de comportement, pour finalement déplacer la cible d'une position vers la gauche de l'éventail des alliés.

Votre message destiné à un public spécifique se compose de deux parties :

- La première partie du message expose le thème de la campagne à travers l'optique de perception "Eux à leur sujet" de la cible, évitant et même contrant vos idées fausses au sujet de la cible, répertoriées dans le quadrant "Nous à leur sujet".

- La seconde partie relie votre campagne à la cible en utilisant les informations dans "Nous à notre sujet" et en contrant les idées fausses répertoriées dans "Eux à notre sujet".

La première partie du message expose le problème non seulement de votre point de vue, mais également dans la perspective du public cible. Par exemple, si le thème de la campagne est lié aux violences policières et si le public cible est constitué de policiers, vous devez exposer le problème non pas comme une violation de vos droits humains, mais comme un détournement de la force de police à laquelle les policiers se sont associés pour lutter contre le crime, et non pour réprimer la dissidence démocratique et frapper des innocents.

La seconde partie contient votre proposition ou "demande" au public cible. Que voulez-vous qu'il fasse ou cesse de faire ? Dans l'exemple ci-dessus, la proposition aux fonctionnaires de police est de s'abstenir de recourir à la force contre des activistes. Cette proposition est confortée par le lien entre le fait que vous êtes des manifestants pacifiques et que leur désir est de maintenir la paix et la stabilité.

Fiche d'instructions

Cadre des perceptions			
Analytique	Travail de groupe	Document	30 minutes

Bref résumé		
Contenu	**Activité**	**Durée (min)**
1. Présenter l'outil	Présentation	5
2. Répartition des participants en cinq petits groupes	Formation des groupes	5
3. Énumération des perceptions (NàN, NàE, EàN, EàE)	Travail en petits groupes	15
4. Compte-rendu des petits groupes	Présentation et discussion	30
5. Conclure l'exercice	Récapitulation	5
Total :		**60**

Matériel nécessaire	Quand	Utilisation
Fiche préparée avec l'éventail des alliés	Présentation	Explication visuelle
	Récapitulation	
Billes de couleurs différentes	Exercice de répartition	Répartition des participants
Grandes feuilles de papier	Travail en petits groupes	Création des cadres des perceptions
Marqueurs		

Avant l'atelier	Avant la séance
- Des billes ou autres petits objets de cinq couleurs différentes, une pour chaque participant. Chaque couleur doit représenter environ un cinquième du nombre total d'objets.	- Assurez-vous que les participants ont accès aux publics cibles indiqués sur l'éventail des alliés (idéalement en affichant l'éventail au mur de la pièce).

Exemple de cadre des perceptions : violences policières

Nous à notre sujet :
- Nous sommes des manifestants pacifiques.
- Nos droits humains doivent être respectés.
- Nous ne faisons rien d'illégal quand nous manifestons.

Nous à leur sujet :
- La police est brutale et irresponsable.
- La police ne fait pas son travail (lutter contre le crime), mais réprime la dissidence pacifique.
- La police est la garde prétorienne du régime.

Eux à notre sujet :
- Les manifestants sont perturbateurs et indisciplinés.
- Les manifestants rendent notre tâche plus difficile.
- Les manifestants devraient utiliser les voies légales pour exprimer leurs griefs.

Eux à leur sujet :
- Nous protégeons la population et maintenons la paix.
- Nous luttons contre le crime et prévenons les désordres, mais notre travail n'est jamais reconnu.
- Nous ne faisons que suivre les ordres.

Message (points de discussion) :
- Nous voulons que la police protège la population, maintienne la paix, combatte le crime et prévienne les désordres.
- Nous savons que la police veut la même chose et devrait être autorisée à se concentrer sur ces points, pour ne pas être utilisée à mauvais escient contre des personnes qui ont des griefs légitimes sur le plan politique ou social.
- Le problème n'est pas la police, mais les ordres qu'on lui donne.
- Nous sommes des manifestants pacifiques et la manifestation pacifique est un moyen légal d'exprimer nos griefs et nos revendications.
- Nous devrions travailler ensemble pour maintenir la paix et prévenir les désordres ; c'est notre objectif commun.

À ce stade, le message de la campagne prend la forme de points de discussion, des déclarations qui sont soit isolées, soit opposées aux affirmations de l'adversaire et dans le but de les réfuter. Ces points de discussion sont condensés et succincts, souvent sous la forme de phrases courtes ou simples, et parfois présentés sous forme de puces. Ils ne peuvent pas être utilisés directement dans les supports de campagne, mais servent de base à votre communication avec le public au fur et à mesure du déroulement de la campagne. **Vous utilisez ces points de discussion pour adopter des slogans, mettre au point des éléments visuels et formuler des phrases-chocs. Vous les utilisez lorsque vous élaborez des tactiques, rédigez des articles ou prononcez des discours.**

Le cadre des perceptions est un outil analytique qui vous donne suffisamment d'informations pour commencer la partie créative de la mise au point du message. Cependant, un cadre des perceptions bien défini ne garantit pas le succès de la campagne et de son message. Celui-ci dépend toujours de la créativité investie dans les slogans, les tactiques, les supports de campagne et la diffusion du message. Mais un cadre des perceptions mal défini ne peut pas produire le message optimal, malgré toute la créativité dont vous pourrez faire preuve aux étapes suivantes de la planification.

Processus par étape

1. Présenter l'outil	Présentation	5 minutes

Expliquez les raisons pour lesquelles vous créez le cadre des perceptions. Montrez différentes parties prenantes de l'éventail des alliés et expliquez que chaque groupe a une perception différente de vous et de votre campagne, et que vous devez comprendre ces perceptions si vous souhaitez élaborer un message adéquat qui trouvera un écho auprès de chacun de ces groupes. Expliquez que vous devez savoir non seulement ce qu'ils pensent de vous et de votre campagne, mais également de ce qu'ils pensent d'eux-mêmes. Dans le même temps, vous devez indiquer ce que vous pensez de vous-même et préciser votre perception actuelle d'eux. Cette démarche devrait être effectuée pour chaque groupe de l'éventail.

2. Répartition des participants en cinq petits groupes	Formation des groupes	5 minutes

Demandez aux participants de tirer une bille et attribuez chaque couleur à un segment particulier de l'éventail des alliés (par exemple allié actif, allié passif, etc.). Demandez aux participants de former de petits groupes en fonction de la couleur de la bille qu'ils ont tirée. Une fois la répartition terminée, demandez à chaque petit groupe de répertorier les perceptions des groupes dans leur segment respectif de l'éventail et dans les quatre quadrants du cadre des perceptions. Ils doivent remplir les cases "Nous à notre sujet" (vos perceptions de vous-même), "Nous à leur sujet" (les perceptions que vous avez de la cible), "Eux à notre sujet" (les perceptions de la cible à votre égard) et "Eux à leur sujet" (les perceptions de la cible à son sujet). Distribuez une grande feuille de papier à chaque petit groupe et des marqueurs. Demandez s'il y a des questions et indiquez qu'ils ont 15 minutes pour écrire ces listes sur la feuille qui leur a été remise.

3. Énumération des perceptions (NàN, NàE, EàN, EàE)	Travail en petits groupes	15 minutes

Dès que les petits groupes commencent à travailler, circulez parmi eux et demandez à chaque groupe s'il a besoin de précisions. Demandez aux participants de vous appeler s'ils ont besoin d'aide. Faites un autre tour 5 minutes plus tard et dites-leur qu'il leur reste la moitié du temps. Demandez à chaque petit groupe s'il a besoin d'aide et guidez-le si nécessaire. Ensuite, faites un autre tour 5 minutes plus tard et demandez à chaque groupe de terminer et de finaliser la liste, car il ne reste que quelques minutes. Quinze minutes après le début des travaux en petits groupes, demandez-leur de terminer et réunissez tous les participants.

4. Compte-rendu des petits groupes	Présentation et discussion	30 minutes

Expliquez aux participants que vous allez maintenant discuter du cadre des perceptions pour chaque segment de l'éventail et que vous allez commencer par les alliés actifs, suivis des alliés passifs. Ensuite, vous aurez une brève discussion, après quoi vous présenterez et examinerez le cadre des perceptions pour les adversaires actifs et passifs. Enfin, vous présenterez et discuterez le cadre des perceptions pour les neutres.

Demandez aux membres du groupe "Alliés actifs" de prendre la parole et de présenter leur cadre des perceptions. Une fois qu'ils ont terminé, demandez aux membres du groupe "Alliés passifs" de présenter leur cadre des perceptions. Après quoi, demandez aux participants s'ils ont des commentaires à faire sur les deux cadres des perceptions. Demandez quelles sont les principales différences entre les alliés actifs et passifs. Qu'ont-ils en commun, mis à part le fait qu'ils partagent la même position sur le thème de la campagne? Comment pourriez-vous transformer des alliés passifs en alliés actifs? Après 10 minutes, passez aux deux groupes suivants.

Demandez aux membres du groupe "Adversaires actifs" de présenter leur cadre des perceptions. Ensuite, demandez aux membres du groupe

"Adversaires passifs" de présenter leur cadre des perceptions. Une fois qu'ils ont terminé, demandez aux participants de faire part de leurs commentaires et suggestions. Demandez quelles sont les principales différences entre les opposants actifs et passifs. Qu'ont-ils en commun, mis à part le fait qu'ils partagent la même position sur le thème de la campagne ? Comment pouvez-vous transformer des adversaires actifs en adversaires passifs ? Au bout de 10 minutes, passez au dernier petit groupe.

Demandez au groupe "Neutre" de présenter son cadre des perceptions. Une fois la présentation terminée, demandez aux participants de commenter et d'offrir des suggestions. Demandez quelles sont les principales différences entre les alliés passifs et les neutres, et ce qu'ils ont en commun. Posez la même question à propos des adversaires passifs et des neutres. Demandez comment vous pourriez transformer les neutres en alliés passifs et les adversaires passifs en neutres. Après 10 minutes, terminez la discussion.

5. Conclure l'exercice	Récapitulation	5 minutes

Remerciez les participants pour leur présentation et montrez l'éventail des alliés une dernière fois. Expliquez que vous devez déplacer chaque groupe d'une position vers la gauche et utiliser le cadre des perceptions pour élaborer le bon message pour chaque groupe. Le message doit se baser sur leurs perceptions d'eux-mêmes et s'efforcer de concilier ces perceptions avec votre perception de vous-même et de votre campagne, en combattant les idées fausses qu'ils ont sur vous et que vous avez sur eux. Demandez s'il reste des questions.

Notes finales

1. Cadre des perceptions (voir image ci-dessous).

Nous à notre sujet	**Nous à leur sujet**
Eux à notre sujet	**Eux à leur sujet**

SÉANCE DE RÉFLEXION : ADOPTER DES TACTIQUES

Enfin, après tout le travail d'analyse nécessaire à la formulation du message, l'étape créative de préparation de la campagne peut débuter. Un message formulé grâce à la boîte à perception et présenté sous forme de points à débattre n'est pas adapté à la distribution. Le message doit être condensé et modifié pour pouvoir être diffusé via différents canaux: matériel de campagne, tactiques, articles, discours, réseaux sociaux et autres. La définition des points à débattre doit donc être suivie d'une discussion de groupe sur les différents moyens de diffusion du message pour les audiences cibles respectives.

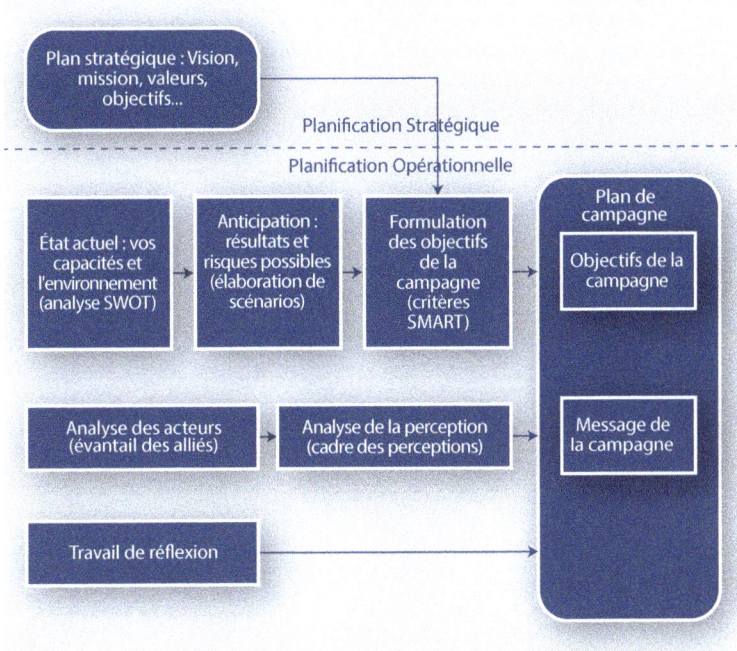

L'outil qui peut vous aider dans ce processus créatif est le "brainstorming", ou travail de réflexion. Le terme a été vulgarisé par Alex Faickney Osborn dans son livre *L'imagination appliquée*, publié en 1953. Osborn a défini deux principes pour réussir son travail de réflexion :

–Suspension du jugement

–Recherche d'idées la plus étendue possible

La suspension du jugement permet de générer des idées. Dans une séance de réflexion, les participants sont invités à ne pas porter de jugement sur les idées des autres ni sur leurs propres idées et ce, pour deux raisons principales. Premièrement, le jugement fait porter la réflexion sur les idées déjà générées plutôt que sur les nouvelles idées potentielles.

Deuxièmement, le jugement peut dissuader certaines personnes de proposer d'autres idées ou de faire des propositions non conventionnelles par peur qu'elles ne soient sévèrement critiquées ou tournées en ridicule. La critique n'a pas sa place dans une séance de réflexion. Elle est réservée pour plus tard. La créativité et les connexions doivent être encouragées et les participants doivent rebondir sur les idées des uns et des autres.

D'après Osborn, nous devons produire autant d'idées que possible étant donné que, selon lui, la quantité mènera ensuite à la qualité. Un grand nombre d'idées seront disponibles, parmi lesquelles seront sélectionnées les meilleures. Osborn pense que durant les séances de réflexion, il faut lever les inhibitions, stimuler la génération d'idées et augmenter la créativité globale du groupe.

Osborn souligne que la réflexion doit porter sur une question spécifique. Selon lui, tout travail de réflexion abordant de nombreuses questions est inefficace. C'est la raison pour laquelle **le travail de réflexion est plus productif s'il est orienté par une analyse minutieuse des acteurs, leurs perceptions et le message destiné à ces acteurs présenté sous forme de points de discussion. Cette réflexion doit donc servir à examiner séparément chacun des éléments des points de discussion.** Les idées produites au cours du travail de réflexion peuvent prendre n'importe quelle forme et suivre n'importe quelle direction. Elles peuvent également évoluer au fur et à mesure que la réflexion se poursuit. Elles peuvent se métamorphoser ou être divisées. Des slogans peuvent devenir des tactiques, des tactiques peuvent se transformer en affiches, lesquelles peuvent devenir des vidéos, etc. Les idées elles-mêmes peuvent se ramifier à partir d'une idée initiale proposée par un participant. Elles peuvent se transformer en différentes versions ou variations de la version originale, chacune prenant vie dans un processus d'association libre.

Personne ne peut prédire quel sera l'aboutissement de la réflexion, parce que personne ne peut savoir le type de connexions mentales les gens établissent lorsqu'ils entendent une idée. À titre d'exemple, les associations libres ont été essentielles à la création du fameux slogan d'Otpor "Il est fini". Ce slogan a été utilisé durant la campagne pour la présidentielle de 2000, élection au cours de laquelle le président serbe en exercice, Slobodan Milosevic a été battu, ce qui a conduit à son renversement quelques semaines plus tard. Le slogan de cette campagne a vu le jour durant l'une des séances de réflexion au cours de laquelle un des activistes a vu le sigle GOTV qui signifie "Get out to vote". GOTV se rapproche de GOToV je, "Il est fini" en serbe. C'est ainsi que le slogan est né. Il demeure l'un des slogans les plus célèbres dans l'histoire des campagnes politiques serbes.

Après qu'un nombre suffisant d'idées a été généré, le groupe peut les développer, leur donner forme et les préciser. Cet exercice peut se faire individuellement ou en groupe, et les participants peuvent sélectionner leurs idées ou celles des autres et les développer davantage. Ce n'est qu'après ce stade que le jugement est accepté: commentaires, critiques et suggestions pour amélioration.

Cette phase de mise au point est celle durant laquelle les idées sont transformées en solutions viables pour différents éléments de la campagne. Chacun porte le message de la campagne et aboutit à un changement de comportement, si petit soit-il, au sein des différents segments de l'éventail des alliés. Une fois peaufinées, ces idées peuvent ensuite être sélectionnées sur la base d'une analyse coûts/avantages, dont l'objectif est de déterminer les coûts en termes de ressources humaines et matérielles, le temps nécessaire pour l'organisation et la mise en œuvre de ces idées, ainsi que les risques associés à chaque idée. Les avantages sont déterminés en examinant le message de campagne et le changement de comportement désiré chez l'audience cible.

Le travail de réflexion ne peut et ne doit pas être utilisé pour sélectionner des tactiques ou prendre des décisions plus générales en ce qui concerne le message de campagne. Les messages véhiculés durant une campagne sont le résultat d'un processus analytique et sont créés sur la base d'un éventail d'alliés et d'outils relatifs à la boîte de perception. Les tactiques générées durant les séances de réflexion sont quant à elles sélectionnées sur la base d'une analyse coûts/avantages. Ces séances sont donc un interlude créatif entre l'analyse des acteurs et la sélection qui compare les tactiques à la précédente analyse des acteurs effectuée.

Le travail de réflexion est plus productif s'il est effectué régulièrement, même si la majorité des idées générées au cours de l'exercice ne sont pas utilisées au bout du compte. À mesure que le temps passe, de nouvelles opportunités se présentent et certaines idées deviennent plus utiles et applicables dans de nouvelles circonstances.

> *Nous sommes ce que nous avons l'habitude de faire ; l'excellence n'est alors pas un acte, mais une habitude*
>
> *–Aristote*

Fiche d'instructions

Brainstorming			
Analytique	Travail en petits groupes	Pas de document d'information	75 minutes

Bref résumé

Tâches	Activité	Durée (min)
1. Présenter l'outil	Présentation	5
2. Générer des idées	Brainstorming	20
3. Développer les idées	Travail individuel ou par paires/en petits groupes	15
4. Peaufiner les idées	Discussion de groupe	30
5. Conclure l'exercice	Récapitulation	5
Total :		**75**

Matériel nécessaire	Quand	Utilisation
Cahiers	Travail individuel	Développer des idées
Stylos		

Avant l'atelier	Avant la séance
	Rendre le message de la campagne accessible, idéalement en l'affichant au mur de la salle.

Processus par étape

1. Présenter l'outil	Présentation	5 minutes

Commencer par dire aux participants que l'heure est à la créativité. Leur rappeler qu'après la définition des audiences cibles et l'analyse de leurs perceptions, il est possible de jouer avec les différentes idées relatives aux tactiques, aux slogans et au matériel de campagne qui diffuseront le message de campagne auprès de ces audiences.

Expliquer en quoi consiste le travail de réflexion. Informer les participants du fait qu'ils passeront d'abord une demi-heure à générer des idées pour en créer le plus grand nombre possible, tout ceci en s'abstenant de juger, de commenter ou de critiquer. La critique se fera à un stade ultérieur du processus, une fois qu'un nombre suffisant d'idées aura été généré. Elle servira à sélectionner les meilleures idées parmi les nombreuses disponibles.

Demander s'il y a des questions. Mentionner à nouveau le fait que le but de cette réflexion est de générer un maximum d'idées.

2. Générer des idées	Brainstorming	20 minutes

Inviter les participants à partager des idées pour les slogans, les tactiques, le matériel de campagne, etc. Suivre la discussion, intervenir si quelqu'un commente les idées émises et l'encourager à rebondir sur ces idées plutôt que les commenter. Rappeler au groupe que le but est de générer le plus d'idées possible en une demi-heure.

Au milieu de l'exercice (après 15 minutes), inviter ceux qui ne sesont pas encore exprimés à proposer leurs idées au groupe.

3. Développer les idées	Travail individuel/en petits groupes	15 minutes

Demander aux participants de prendre leur cahier et de travailler individuellement sur leurs idées pour les développer davantage. Les participants qui ont des idées similaires peuvent travailler par paires ou en petits groupes.

Quinze minutes après le début du travail en groupe, rappelez les participants et demandez-leur d'apporter leurs feuilles.

| 4. Peaufiner les idées | Discussion de groupe | 30 minutes |

Demander à un volontaire de présenter rapidement son idée. Après quoi, demander aux participants s'ils ont de brefs commentaires à faire ou des questions, en particulier s'ils souhaitent ajouter quelque chose pour améliorer l'idée. Si nécessaire, demander aux participants de préciser comment leur idée se matérialiserait dans le contexte de la campagne: présentent-ils une affiche, un slogan, une tactique ou autre chose?

Veiller à remettre à plus tard toute discussion sur les coûts et les avantages des tactiques présentées en précisant aux participants de ne faire que de brefs commentaires. Rappeler que l'objectif du travail de réflexion est de générer des idées. La discussion sur la viabilité ou l'utilité de ces idées se fera plus tard.

| 5. Conclure l'exercice | Récapitulation | 5 minutes |

Remercier les participants pour leur travail et leur expliquer une fois de plus l'objectif de la réflexion. Leur donner un exemple tiré de l'exercice lié à la manière dont la séance de réflexion a été utile à votre travail. Mettre l'accent sur le fait que la créativité déployée au cours de cet exercice est basée sur le travail analytique effectué au cours des précédents séances: la créativité sans analyse peut être gaspillée. Demander s'il y a des questions.

Notes finales

1. Il est parfois utile de désigner un participant qui sera chargé de prendre des notes durant le travail de réflexion initial, lorsque les idées sont générées. Certaines idées peuvent être oubliées si elles ne sont pas notées au moment où elles sont émises.

ANALYSE COÛTS/AVANTAGES : SÉLECTIONNER LA MEILLEURE IDÉE

Les messages de campagne sont véhiculés à travers les tactiques et le matériel de campagne. Chaque tactique, affiche ou tract peut servir à diffuser le message de campagne, mais toutes les tactiques, toutes les affiches et autres outils ayant fait l'objet d'un travail de réflexion ne véhiculeront pas le message aussi bien les uns que les autres. Les différents types de matériel ne requièrent pas le même volume de ressources. En outre, les ressources sont limitées et doivent être utilisées avec précaution afin de maximiser l'impact de la campagne. C'est la raison pour laquelle les tactiques à utiliser durant la campagne doivent être sélectionnées et la priorité doit leur être accordée. Un éventail de tactiques à affiner lors de la planification tactique sera donc disponible. Parce que vous aurez comparé les coûts et les avantages, vous saurez pourquoi une tactique précise a été sélectionnée parmi les nombreuses possibilités.

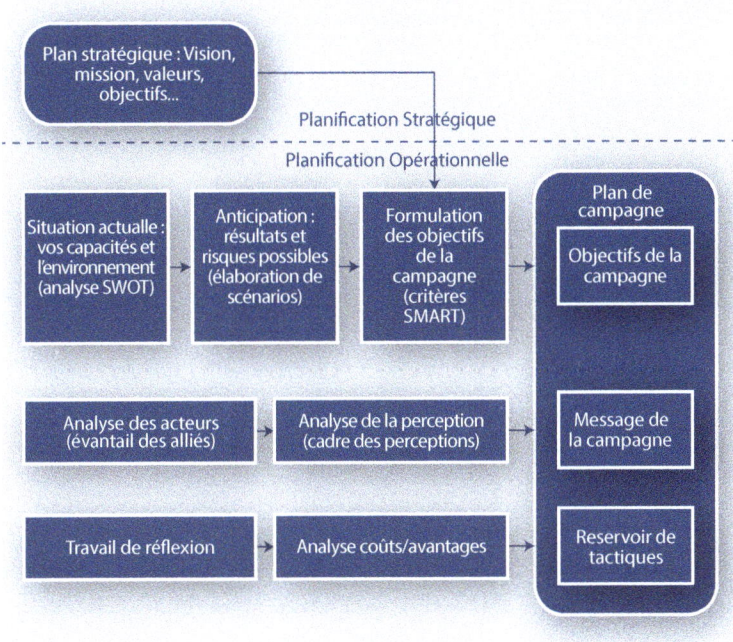

C'est pourquoi les séances de réflexion doivent être suivies d'une analyse des coûts/avantages. Au cours de ces séances, c'est la quantité qui l'emportait: il s'agissait de générer de nombreuses idées sans se soucier des ressources requises. Vous n'avez pas encore intégré les risques associés aux idées ou tactiques les plus efficaces pour atteindre votre objectif. Vous vous êtes assurés que ces idées, tactiques, slogans et autres véhiculent le message de la campagne, mais vous n'avez pas évalué la meilleure manière pour eux d'y arriver, en particulier lorsqu'il s'agit de comparer leurs probables performances. Au moment de déployer la campagne, vous devrez toutefois choisir les tactiques qui auront un plus grand impact pour le même coût, étant donné que la plupart des campagnes disposent de ressources limitées. L'analyse coûts/avantages peut être vaste et des exemples tirés de l'univers des affaires montrent jusqu'à quel point. Les campagnes relatives à un mouvement sont différentes de celles liées au monde des affaires. Les campagnes relatives aux mouvements peuvent rassembler des soutiens extérieurs et des bénévoles qui utilisent leurs propres ressources, ce qui amplifie le message. Lorsque vous lancez une campagne, vous espérez que les personnes qui la soutiendront diffuseront le message à leur niveau sans toutefois rejoindre l'équipe de campagne. Une campagne peut donc être virale sans être limitée par les capacités de l'organisation qui l'a lancée. Malgré cela, vous devez avoir une idée des coûts et des avantages des tactiques, **déployer les tactiques les moins coûteuses et réserver les tactiques plus coûteuses pour plus tard**, lorsque la campagne commencera à porter ses fruits et que vos capacités augmenteront.

Une analyse coûts/avantages simple dans votre cas est une estimation collective des coûts et avantages des tactiques générées durant le travail de réflexion. Elle repose sur la sagesse des foules et de la base, sur l'opinion collective d'un groupe de personnes plutôt que sur celle d'un seul expert. Selon les observations, cette estimation collective évite les déviations individuelles et produit des estimations qui sont aussi bonnes, et parfois même meilleures que les estimations effectuées par des experts individuels qualifiés. Un exemple intéressant en rapport avec ce phénomène est mentionné dans *The Wisdom of Crowds* de James Surowiecki.

Pour avoir une idée des coûts et des avantages associés aux tactiques élaborées au cours du travail de réflexion, chaque tactique est présentée séparément au groupe en charge de l'analyse coûts/avantages. Chaque participant estime indépendamment le coût de la tactique présentée, ainsi que les avantages qu'elle présente. L'estimation des coûts inclut des éléments tels que:

- Les ressources nécessaires (ressources humaines et matérielles et temps nécessaire à la planification et à l'exécution de la tactique);

- Les capacités nécessaires à l'organisation (compétences requises, coordination nécessaire au déploiement de la tactique);

- Risques associés à la tactique, tels que la violence (probabilité de répression, violente réaction de l'audience cible ou violence causée par des groupes radicaux au sein de la campagne);

- Coûts par rapport à la réputation, la cohésion, l'enthousiasme et autres de l'équipe de campagne.

Durant l'estimation des avantages, concentrez-vous d'abord sur la manière dont la tactique porte le message de la campagne et à quel point elle influence le comportement du groupe cible dans la direction désirée (selon l'éventail des alliés). Les autres questions à se poser sont :

- La tactique a-t-elle des répercussions sur des groupes autres que celui directement ciblé?

- Offre-t-elle des occasions de recruter de nouveaux activistes ?

- Renforce-t-elle l'organisation et, si oui, à quel point?

- La tactique offre-t-elle des occasions de contact avec d'autres organisations et de coalitions potentielles avec elles?

- La tactique examinée permet-elle de faire progresser la stratégie globale du mouvement d'une manière générale?

Tout le monde ne sera pas conscient de tous les coûts et avantages potentiels de la tactique. C'est la raison pour laquelle **la sagesse collective est requise.** Un autre facteur à prendre en considération est le fait que les coûts peuvent être davantage réduits et les avantages augmentés une fois que la planification tactique sera enclenchée. À cette étape, tous les détails peuvent être supprimés, les ressources peuvent être prévues de manière optimale, les risques réduits, et les avantages de la tactique augmentés. Lorsque vous examinez à cette étape un éventail de tactiques associé à la campagne planifiée, vous devez avoir une idée générale des coûts et des avantages pour savoir si la tactique sera incluse comme option à exécuter dans le cadre de la campagne ou pas.

L'objectif d'une analyse coûts/avantages est de faire la distinction entre les différentes tactiques et de placer chacune dans l'un des groupes suivants:

- tactiques à faibles coûts/avantages importants

- tactiques à faible coûts/légers avantages

- tactiques à coûts élevés/avantages importants

- tactiques à coûts élevés/légers avantages

Les tactiques à faibles coûts/avantages importants sont évidemment les meilleures. Elles présentent un grand nombre d'avantages pour un coût peu élevé. Elles sont suivies par les tactiques à faibles coûts/légers avantages qui sont les moins coûteuses bien qu'elles n'offrent pas le plus d'avantages. Celles-ci sont suivies par les tactiques à coûts élevés/

avantages importants. C'est à ce niveau qu'une limite doit être fixée. Certaines de ces tactiques dépasseront cette limite et vous pourrez les inclure dans l'éventail des tactiques possibles pour votre campagne, car les avantages sont tellement importants qu'ils justifient les coûts. Toutefois, certaines ne pourront pas être incluses et vous vous en débarrasserez, car les coûts ne justifient pas les avantages. En général, les tactiques à coûts élevés/légers avantages ne sont pas du tout prises en considération.

Pour effectuer cette analyse, vous devez d'abord établir une échelle pour les coûts et les avantages. Elle peut être une simple option binaire (coûts élevés contre coûts faibles, peu ou pas d'avantages contre avantages importants) ou une échelle plus complexe (de 1 à 10 par exemple). L'avantage des options binaires est qu'elles poussent l'estimation à extrême, ce qui facilite le choix, car il faut choisir entre deux options diamétralement opposées. Mais cette méthode manque de nuance et de subtilité, raison pour laquelle une échelle plus complexe est parfois plus appropriée. En même temps, le problème des échelles plus complexes, c'est qu'elles fournissent parfois des résultats au milieu. Vous pourrez avoir de nombreuses tactiques dont les coûts seront estimés entre 4 et 6, et aucune dont les coûts n'atteindront les extrêmes (1 ou 2, 9 ou 10).

Quelle que soit l'échelle choisie, sachez qu'à la fin de l'analyse, les tactiques doivent appartenir à l'un des quatre groupes mentionnés précédemment, même si cela signifie que les tactiques estimées à 4,9 font partie des tactiques à faibles coûts tandis que celles estimées à 5,1 font partie des tactiques à coûts élevés.

Il est nécessaire d'avoir un graphique à deux axes: l'un pour les coûts et l'autre pour les avantages. Placez chaque tactique sur le graphique après qu'elle a fait l'objet d'un vote. La ligne qui sépare les tactiques qui méritent d'être examinées davantage de celles qui ne le méritent pas est arbitraire et peut être tracée plus tard, après que les tactiques ont été positionnées sur le graphique. La ligne doit être tracée de manière à ce qu'elle écarte toutes les tactiques dont les coûts sont supérieurs à une valeur donnée ou dont les avantages sont inférieurs à une certaine valeur, ou toute combinaison des deux. Vous pouvez aussi tracer une ligne qui écarte un certain nombre de tactiques dont certains éléments sont en dessous de la ligne. Il n'est pas nécessaire que le classement soit parfait, mais il doit être effectué afin que des décisions soient prises.

Une fois la ligne tracée, vous disposez d'un éventail de tactiques à utiliser plus tard durant l'exercice de planification. **Il est important de conserver les tactiques qui n'ont pas été incluses dans l'éventail, car elles peuvent être potentiellement retravaillées plus tard ou leur coût peut être réduit.** Elles peuvent également être une inspiration pour des alternatives à coûts réduits. Par ailleurs, il est possible que certaines de ces tactiques n'aient pas été incluses dans l'éventail en raison de leurs coûts élevés sans tenir compte du fait qu'elles pourraient être avantageuses pour la campagne. Difficiles à déployer au début de la campagne, ces tactiques pourraient être plus faciles à exécuter si la campagne crée une dynamique et de nouvelles options ou que des options imprévisibles se présentent.

Fiche d'instructions

Analyse coûts/avantages			
Analytique	Travail en groupe	Pas de document d'information	30 minutes

Bref résumé		
Contenu	**Activité**	**Durée (min)**
1. Présenter l'outil	Présentation	10
2. Évaluer les tactiques	Évaluation de groupe	15
3. Conclure l'exercice	Récapitulation	5
Total :		**30**

Matériel nécessaire	Quand	Utilisation
Petit tableau noir pour chaque participant	Évaluation de groupe	Évaluer les tactiques
Craie		

Avant l'atelier	Avant la séance
	Offrir un accès aux tactiques générées durant le travail de réflexion. Idéalement, chaque participant devrait avoir une tactique notée dans son cahier.

Processus par étape

1. Présenter l'outil	Présentation	10 minutes

Commencer par expliquer pourquoi une analyse coûts/avantages est effectuée. Rappeler aux participants que plusieurs tactiques ont été générées, qui doivent être mises au point. À présent, elles doivent être évaluées. Demander s'il y a des questions.

2. Évaluer les tactiques	Évaluation de groupe	15 minutes

Inviter les participants à présenter en une ou deux phrases leurs tactiques, matériel de campagne ou autres. Puis demander aux participants d'écrire un chiffre au tableau pour la tactique présentée: d'abord les coûts, puis les avantages de la tactique. Après quelques secondes, leur demander de calculer les valeurs moyennes pour les coûts et les avantages. Positionner la tactique sur le graphique des coûts/avantages de manière à ce que la valeur "x" corresponde aux coûts et la valeur "y" aux avantages. Répéter le processus pour chaque tactique.

Après 15 minutes ou idéalement après que toutes les tactiques aient été évaluées, remercier les participants pour leur travail, puis leur montrer le graphique coûts/avantages avec toutes les tactiques positionnées dessus.

3. Conclure l'exercice	Récapitulation	5 minutes

Tracer une ligne sur le graphique des coûts/avantages qui répartit les tactiques en deux catégories: celles à coûts élevés et légers avantages et celles à faibles coûts et avantages importants. La ligne peut être diagonale et à distance égale des deux axes, formant un angle de 45 degrés avec eux (comme présenté ci-après). L'angle peut également être complètement arbitraire et cette ligne peut être tracée pour répartir les tactiques dans deux groupes relativement égaux.

Lire la liste des tactiques au-dessus de la ligne tracée. Demander à un volontaire de prendre des notes.

Remercier tout le monde, puis leur expliquer que tous les éléments nécessaires à la campagne sont à présent en place. Féliciter tout le monde pour le travail accompli. Clôturer la séance.

Notes finales

1. Graphique coûts/avantages (voir image ci-dessous).

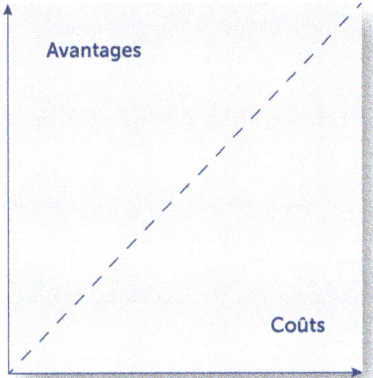

COMMENT CONSIGNER PAR ÉCRIT LE PLAN DE CAMPAGNE

Le plan de campagne est un document interne qui sert de référence à votre équipe de campagne, mais qui peut aussi vous servir à recruter, demander de l'assistance et des moyens, négocier avec d'autres acteurs et établir des coalitions autour de votre campagne. C'est un document relativement court qui peut être condensé en quatre parties :

1. Les objectifs de campagne
2. Le message de campagne
3. Les tactiques
4. L'organisation et les moyens

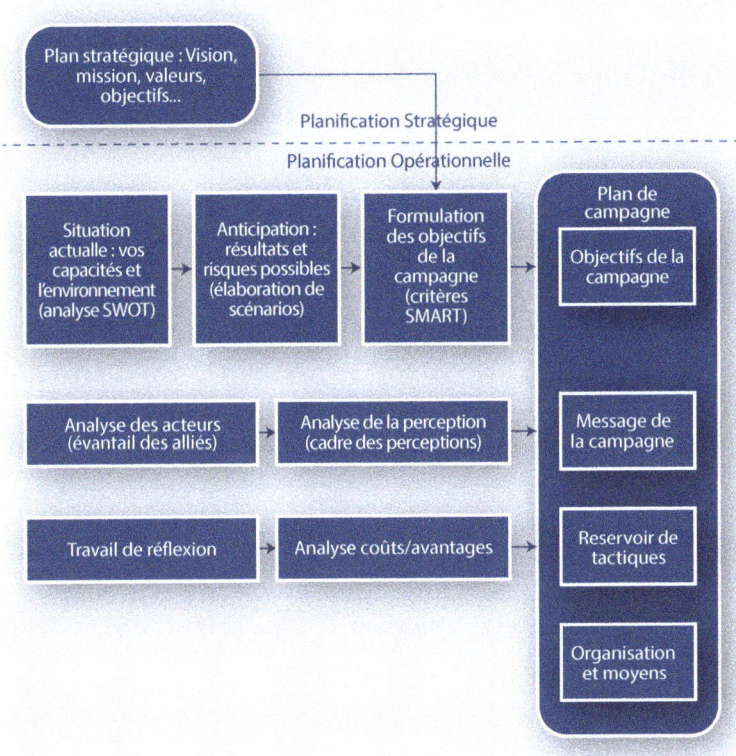

Dans la première partie, "Objectifs de campagne", on vérifie que ceux-ci répondent aux critères SMART. Ces critères doivent être spécifiques, mesurables, réalisables, pertinents et assortis de délais (en anglais: Specific, Measurable, Achievable, Relevant, Time-bound). Cette partie du plan vous indique le résultat auquel vous voulez arriver par votre campagne, et pourquoi vous voulez atteindre ce résultat. Vous vous interrogez en outre sur la pertinence de votre objectif lorsqu'il s'inscrit dans une stratégie plus vaste et comment il vous rapproche de vos buts à long terme, définis dans le plan stratégique.

La deuxième partie porte sur le message. Elle vous indique à qui s'adresse votre message, quel genre de changement de comportement vous voulez voir advenir et ce que vous allez communiquer en particulier aux publics visés, et de quelle façon. Cette partie est structurée d'après l'analyse des parties prenantes menée au préalable et s'appuie sur le message de campagne rédigé sous la forme de points de discussion à aborder.

Cette troisième partie dresse la liste des tactiques qui seront mises en œuvre au cours de la campagne, les supports qui seront utilisés et toutes les autres méthodes susceptibles de servir à faire passer le message de la campagne. Elle apporte également des informations sur le calendrier de la campagne, ses phases et sa structure. Elle définit aussi comment et quand se terminera la campagne.

La quatrième et dernière partie traite des capacités et des moyens organisationnels qui seront nécessaires pour mettre la campagne en œuvre. Elle estime la quantité de matériel de campagne, le nombre de bénévoles et d'organisateurs nécessaires pour la diriger et mettre les tactiques à exécution, le temps qu'il faut pour mettre la campagne en place et l'appliquer, ainsi que les autres moyens/ressources, notamment les fonds nécessaires pour financer son organisation. Cette partie précise également comment sont prises les décisions, quel est le degré d'autonomie au niveau local et quelles sont les modalités de la communication interne.

Une fois rempli, le plan de campagne peut être utilisé par la suite pour élaborer d'autres documents qui serviront à parfaire la définition de la campagne que vous avez mise au point, notamment :

- Le résumé de campagne
- Le calendrier de campagne
- Le budget de campagne
- Le schéma d'organisation de la campagne

Un "brief" de campagne est un document plus détaillé que le plan de campagne. Il s'agit d'un document technique, généralement rédigé par des clients pour des agences de marketing sous la forme d'instructions. Il indique à l'agence le résultat auquel vous voulez parvenir grâce à votre campagne, à qui elle s'adressera et quel sera votre message. Il expose les échéances et les étapes et fournit à l'agence un budget prévisionnel. Les agences y répondent par ce que l'on appelle un "brief créatif", qui est leur point de vue sur tous les éléments du brief de campagne (objectif, sous-objectif, message, etc.), proposent un calendrier et exposent les éventuelles demandes supplémentaires de la part du client.

Plan de campagne
(grille d'élaboration)

Contexte :

Qui lance la campagne et quel est le problème qu'elle cherche à résoudre ? Quel est le lien entre ce problème et votre vision et votre mission ?

Objectif :

Quels sont les objectifs spécifiques que vous voulez atteindre grâce à votre campagne ? Comment allez-vous mesurer la réussite de la campagne ? Pourquoi croyez-vous que ces objectifs sont atteignables ? Quelle est sa pertinence pour votre stratégie à plus grande échelle ? Combien de temps durera la campagne ?

Message :

À qui s'adresse votre campagne ? Quels groupes humains et sociodémographiques visez-vous et souhaitez-vous influencer ? Quel genre de changement de comportement des publics cibles voulez-vous observer suite à votre campagne ?

Qu'allez-vous dire ? Quel message allez-vous faire passer ? Quel ton adopterez-vous ? Comment cela s'appuie-t-il sur votre communication stratégique (votre vision, mission et vos valeurs) ?

Quel est le principal slogan de la campagne ? Quels sont les autres slogans ou visuels qui pourraient être utilisés ?

Tactiques :

Quelles tactiques (ou quel genre de tactiques) allez-vous utiliser dans la campagne ? Quel est le matériel de campagne à produire ? À quoi ressemblera le lancement de la campagne ? Quelles phases suivront-elles le lancement ? Quels tactiques et matériel de campagne serviront-ils à chaque phase ? Comment se terminera la campagne ? Y a-t-il des tactiques potentielles à utiliser si les occasions se présentent ?

Moyens/ressources :

De combien de bénévoles, militants et organisateurs aurez-vous besoin pour réussir la mise en œuvre de la campagne ? Quels seront les moyens matériels nécessaires pour la mise en œuvre de la campagne ? Quel est le calendrier de la campagne ? Quand commence-t-elle et quand se termine-t-elle ? De quel l'appui logistique avez-vous besoin pour la campagne ?

Organisation :

Quelles sont les fonctions, tâches et responsabilités, et comment seront-elles réparties ? Comment les décisions sont-elles prises ? Quelles sont les voies de communication interne ? De quel degré d'autonomie disposent les militants à l'intérieur de la campagne ? Comment les gens peuvent-ils apporter leur soutien à la campagne ?

Les organisations peuvent décider de ne pas demander l'aide d'agences de marketing extérieures, mais cela ne les empêche pas de rédiger un brief de campagne auquel leurs équipes de créatifs pourront se référer pour mettre au point le matériel de campagne et élaborer la planification tactique. Un brief de campagne peut être conçu à partir d'un plan de campagne. La principale différence entre les deux est le niveau de détail. En effet, le brief de campagne est rédigé pour ceux qui connaissent peu ou pas du tout l'organisation qui est derrière la campagne ou les modalités de planification ayant permis son élaboration.

Après le plan de campagne, il convient de préparer un calendrier de campagne détaillé. Celui-ci indique les dates de début et de fin ainsi que les phases de la campagne, entre son lancement et sa conclusion. Les tactiques sont réparties pendant cette période de façon à créer la dynamique de la campagne, de même que les délais pour réaliser le matériel de campagne et leur distribution.

Le budget de campagne précise les projections de coûts et comprend tout, depuis le coût d'exécution des tactiques, la production et la distribution du matériel de campagne et l'achat d'espaces média jusqu'aux coûts logistiques permettant l'organisation de la campagne (communication, transport, repas, paiements, etc.).

Le schéma d'organisation de la campagne est une sorte de document indiquant son déroulement. Il présente de façon visuelle ceux qui prennent les décisions et lesquelles, à quoi ressemblent les voies de communication et qui est responsable de quoi dans la campagne, par exemple du travail avec les bénévoles, des relations publiques, des questions financières et juridiques.

Outre ces documents, le plan de campagne est utile pour développer un argumentaire éclair, lequel servira à convaincre les personnes et les groupes de sympathisants (segment d'alliés passifs sur l'éventail des alliés) de participer à la campagne. Cet argumentaire est très concis et peut être délivré en peu de temps. Imaginez que vous rencontriez dans un ascenseur un important allié potentiel. Vous avez moins d'une minute pour susciter son intérêt et le convaincre d'apporter son soutien à la campagne.

Toutes les informations nécessaires à cet argumentaire éclair sont tirées du plan de campagne. Il condense le plan en quelques phrases qui séduisent et éveillent l'intérêt. Il s'appuie sur une compréhension des perceptions de votre auditoire (voir le cadre des perceptions pour les alliés passifs).

Si l'argumentaire éclair suscite de l'intérêt et que la personne désire en savoir plus, toutes les réponses à ses questions peuvent être puisées dans le plan de campagne, et, en particulier, pour lui expliquer comment elle peut y apporter son aide et son soutien. Votre argumentaire éclair doit être peaufiné et, une fois qu'il est au point, il peut servir dans toutes sortes d'occasions, depuis les rassemblements officiels et les rencontres festives informelles à, pourquoi pas, de réelles rencontres en ascenseur.

Fiche d'instructions

Plan de campagne			
Analytique	Travail en groupe	Document	30 minutes

Bref résumé

Tâches	Activité	Durée (min)
1. Présenter l'outil	Présentation	5
2. Diviser les participants en quatre petits groupes	Formation des groupes	5
3. Rédiger des segments du plan de campagne	Petit travail en groupe	30
4. Présenter le plan de campagne	Présentation et discussion	15
5. Conclure l'exercice	Récapitulation	5
Total :		**60**

Matériel nécessaire	Quand	Utilisation
Stylos Fiche du plan de campagne	Travail en petits groupes	Rédaction du plan de campagne

Avant l'atelier	Avant la séance
	Donner accès à l'objectif de la campagne, au message de la campagne et à un réservoir de tactiques (dans l'idéal, celles-ci sont affichées au mur de la pièce).

Processus par étape

1. Présenter l'outil	Présentation	5 minutes

Commencez par expliquer l'objet du plan de campagne. Rappelez aux participants que vous avez l'objectif de la campagne, le message de la campagne et un réservoir de tactiques, et que ceux-ci doivent être intégrés dans un seul document: le plan de campagne. Ce plan servira de référence pour approfondir le travail d'élaboration de votre campagne, créer le matériel, appliquer des tactiques ou organiser des manifestations.

Distribuez la fiche du plan de campagne. Expliquez chaque partie du plan, en commençant par le segment qui indique les objectifs de campagne. Puis passez à la partie du plan qui traite du message, suivie par le segment qui énumère les tactiques éventuelles et, enfin, par les deux parties restantes qui abordent les moyens nécessaires pour la campagne et son organisation. Expliquez aux participants qu'ils doivent compléter chaque rubrique du plan de campagne en répondant aux questions figurant sur la liste dans la fiche et en tenant compte de tout le travail préalablement fourni sur les objectifs, les messages et les tactiques.

2. Divisez les participants en petits groupes	Formation des groupes	5 minutes

Demandez aux participants de se placer sur une ligne en fonction de l'heure à laquelle ils se réveillent généralement le matin. Demandez à ceux qui se lèvent tôt de se mettre à une extrémité de la ligne et à ceux qui aiment faire la grasse matinée d'aller à l'autre extrémité. Lorsqu'ils ont fini, divisez les participants en quatre petits groupes: les lève-tard s'occuperont de l'objectif de la campagne, le groupe suivant du message de campagne, le suivant, les tactiques et enfin, le dernier groupe de participants, les lève-tôt, s'occuperont des moyens et de l'organisation de la campagne.

3. Rédiger des segments du plan de campagne	Travail en petits groupes	30 minutes

Dites à chaque groupe sur quel segment du plan de campagne ils doivent travailler. Expliquez-leur qu'ils ne doivent pas hésiter à envoyer un émissaire vers un autre groupe s'ils ont besoin de demander son avis. Dites-leur qu'ils ont 30 minutes pour cela, et qu'après avoir rempli leur partie du plan, ils feront un exposé et participeront à une discussion.

Soulignez que ce ne sera pas la version définitive du plan de campagne, étant donné que ces segments devront être regroupés en un seul document qu'il faudra probablement retravailler par la suite.

Tandis que les groupes se mettent au travail, allez de l'un à l'autre et demandez s'ils ont des questions, en offrant des conseils si nécessaire. Refaites le tour des groupes 10 minutes plus tard et un dernier tour 10 minutes avant la fin, en demandant à chaque groupe de conclure et de se tenir prêt pour la présentation. Au bout de 30 minutes, demandez aux participants de terminer leur travail et de présenter le plan.

4. Présenter le plan de campagne	Présentation et discussion	15 minutes

Demandez à un représentant de chaque groupe de présenter son segment du plan de campagne, en commençant par les objectifs, suivis par le message, les moyens et l'organisation. Une fois que tous les groupes ont fait leur présentation, laissez le champ libre à la discussion. Concluez au bout de 15 minutes.

5. Conclure l'exercice	Récapitulation	5 minutes

Remerciez les participants pour leur travail et expliquez-leur à nouveau à quoi sert le plan de campagne. Expliquez que ce document sera à retravailler avant de pouvoir être complet. Demandez s'il reste des questions.

FORMATION À LA PRÉPARATION D'UNE CAMPAGNE

Enseigner comment planifier des campagnes demande du temps et des efforts. Mais cela en vaut la peine, parce qu'une fois que les gens possèdent ces outils, ils peuvent les utiliser aisément pour planifier leurs campagnes. Les outils présentés dans ce livre peuvent être exploités lors de deux jours de formation à la préparation d'une campagne, dont le but est d'enseigner comment mettre sur pied un plan pour sa campagne.

Une formation à la préparation d'une campagne procède lentement, par étapes. Chaque étape est structurée par nos objectifs d'apprentissage, les compétences ou connaissances particulières que nous aimerions que les participants acquièrent et les contraintes par rapport au temps dont on dispose pour la formation, le lieu, le nombre de participants, etc.

Rapide présentation de la formation aux stagiaires

Nous ouvrons le cours en énonçant son objectif global : apprendre aux participants comment utiliser divers outils de planification pour préparer une campagne. Puis nous précisons le but, à savoir enseigner aux participants comment exploiter divers outils de planification afin de fixer des objectifs de campagne, concevoir son message, élaborer des tactiques et, enfin, rédiger un plan de campagne.

Ensuite, nous examinons chaque élément de notre objectif global et nous nous demandons ce qu'il y aura à faire. Pour définir les objectifs de campagne, les participants devront analyser l'environnement et les capacités dont ils disposent, ce qui leur donnera les moyens de comprendre l'état actuel par rapport aux facteurs externes et internes. Cela donne un instantané de la situation présente. La capacité à prévoir comment interagissent les facteurs externes et internes leur permettra aussi de recenser les différentes options et de prendre en compte les risques avant de définir des objectifs. Ainsi, ils seront en mesure de maintenir le cap dans n'importe quel futur scénario.

Récapitulons. Pour fixer des objectifs de campagne correctement, les participants doivent :

- Faire la liste de tous les facteurs qui entrent en jeu
- Élaborer différents scénarios
- Proposer des objectifs concrets

Ensuite, nous abordons le travail sur le message de campagne : les participants recensent différents groupes, cernent leurs perceptions, puis proposent un message approprié. Reprenons : pour concevoir correctement le message de campagne, les participants devront :

- Faire la liste de toutes les parties concernées
- Cerner leurs perceptions
- Proposer un message adéquat

En outre, les participants doivent apprendre comment élaborer des tactiques pour diffuser le message de campagne. Ils doivent aussi apprendre à sélectionner les tactiques qui y parviennent de la façon la plus efficace, en écartant celles qui ne conviennent pas. Enfin, ils doivent apprendre à rédiger un plan de campagne pour regrouper dans un document cohérent tout ce qu'ils ont créé.

Avant de pouvoir y parvenir, les participants devront comprendre ce qu'est une campagne en tant que concept. Ce n'est pas une compétence pratique, mais c'est une partie importante dans la constitution de connaissances sur les campagnes.

À présent que nous comprenons mieux le processus, nous pouvons dresser la liste des objectifs d'apprentissage :

- Expliquer le rôle et l'importance des campagnes dans le contexte stratégique plus vaste
- Utiliser l'analyse SWOT pour dresser la liste des facteurs internes et externes
- Élaborer des scénarios pour explorer les options et comprendre les risques
- Fixer des objectifs de campagne à l'aide des critères SMART
- Analyser les parties prenantes et leurs perceptions
- Concevoir un message de campagne sous forme de points de discussion
- Sélectionner des tactiques en fonction de leurs coûts et avantages
- Rédiger un plan de campagne

Planification de la formation

Pour atteindre ces huit objectifs pédagogiques, nous aurons besoin grosso modo de huit unités de 90 minutes chacune. La durée égale des unités garantit un bon rythme dans la formation, mais laisse suffisamment de temps pour faire des pauses afin que les participants restent attentifs et productifs pendant les séances.

À la page suivante, vous verrez à quoi ressemblera le programme de la formation en termes concrets, après avoir apparié des modules aux séquences. Notez que ce programme comporte du temps supplémentaire au début du cours pour briser la glace, nous présenter (formateurs et participants), donner un survol de la formation, aborder les tâches d'entretien (administratives, logistiques), etc. Un segment a également été ajouté à la fin de la formation pour laisser du temps aux questions, à une évaluation du cours et à une discussion sur les étapes suivantes. Des activités ont également été ajoutées çà et là pour que les informations circulent avec fluidité et permettre aux participants de planifier vraiment une campagne, pas seulement apprendre comment utiliser les divers outils de planification.

Programme de formation à la préparation d'une campagne

Séquence	Durée	Module	Durée
Présentation des campagnes	90	Activités de présentation	30
		Présentation des campagnes	30
		Aperçu du plan stratégique/du problème visé par la campagne	30
Aperçu des facteurs externes et internes	90	Activités introductives	15
		Préparation à l'analyse SWOT	15
		Analyse SWOT	60
Explorer les choix, comprendre les risques	90	Élaboration de scénarios	90
Objectifs de campagne	90	Faire la liste des objectifs de campagne élargis	30
		Critères SMART	30
		Fixer des objectifs de campagne concrets	30
Analyse des parties prenantes	90	Éventail des alliés	30
		Cadre des perceptions	60
Message de campagne	90	Points de discussion	30
		Brainstorming	60
Tactiques	90	Présentation des tactiques	30
		Élaborer des tactiques	30
		Analyse coûts/avantages	30
Plan de campagne	90	Préparation d'un plan de campagne	60
		Évaluation, feedbacks, étapes suivantes	30

Nous pouvons maintenant utiliser ces informations pour mettre au point une présentation de la formation sur deux jours :

Titre de la formation	Formation à la préparation d'une campagne
But	Le but de ce cours est d'enseigner aux participants comment exploiter divers outils de planification pour préparer une campagne.
Objectifs pédagogiques	À la fin de ce cours, les participants pourront : • expliquer le rôle et l'importance des campagnes dans le contexte stratégique plus vaste • utiliser l'analyse SWOT pour faire la liste des facteurs internes et externes • élaborer des scénarios pour explorer les options et comprendre les risques • fixer des objectifs de campagne à l'aide des critères SMART • analyser les parties prenantes et leurs perceptions • concevoir un message de campagne sous forme de points de discussion • sélectionner des tactiques en fonction de leurs coûts et avantages • rédiger un plan de campagne
Durée	Durée totale: 960 minutes (16 heures) Durée en classe: 720 minutes (12 heures) Pauses: 240 minutes (4 heures)
Supports d'apprentissage	Diapositives déjà prêtes PS-1/CDC (Pyramide des stratégies), PS-2/CDC (Tableau SWOT), PS-3/CDC (Tableau des scénarios), PS-4/CDC (Lettre de Gandhi), PS-5/CDC (Éventail des alliés), fiches PS-6/CDC (Cadre des perceptions): HO-1/CDC (Tableau des scénarios), HO-2/ CDC (Fiche sur les critères SMART), HO-3/CDC (Grille de plan de campagne) Tableau papier et marqueurs permanents; tableau blanc marqueurs effaçables; ruban adhésif Blocs-notes et stylos; Post-its

Voici à quoi devrait ressembler le programme du cours :

Programme de la formation en deux jours sur la préparation d'une campagne		
Premier jour		
9 h-10 h 30	Présentation des campagnes (présentation, discussion)	90
10 h 30-11 h	Pause	30
11 h-12 h 30	Aperçu des facteurs externes et internes (analyse SWOT)	90
12 h 30-13 h 30	Déjeuner	60
13 h 30-15 h	Explorer les choix, comprendre les risques (élaboration de scénarios)	90
15 h-15 h 30	Pause	30
15 h 30-17 h	Objectifs de la campagne (critères SMART)	90
Second jour		
9 h-10 h 30	Analyse des parties concernées (éventail des alliés, encadré sur les perceptions)	90
10 h 30-11 h	Pause	30
11 h-12 h 30	Conception du message de campagne (points de discussion)	90
12 h 30-13 h 30	Déjeuner	60
13 h 30-15 h	Constitution d'un réservoir de tactiques (brainstorming, analyse coûts/avantages)	90
15 h-15 h 30	Pause	30
15 h 30-17 h	Préparation d'un plan de campagne (travail en groupe, présentation, discussion)	90

La formation peut également se dérouler le week-end en atelier. Cette formule s'adresse généralement aux personnes qui travaillent pendant la semaine et qui ne peuvent pas se permettre de suivre une formation dans la semaine. Dans ce cas, l'atelier peut commencer le vendredi soir et finir le dimanche à l'heure du déjeuner.

Voici à quoi devrait ressembler le programme :

Programme de la formation le week-end sur la préparation d'une campagne		
Premier jour (vendredi)		
20 h-21 h 30	Présentation des campagnes (présentation, discussion)	90
Deuxième jour (samedi)		
9 h-10 h 30	Présentation des facteurs externes et internes (analyse SWOT)	90
10 h 30-11 h	Pause	30
11 h-12 h 30	Explorer les choix, comprendre les risques (élaboration de scénarios)	90
12 h 30-13 h 30	Déjeuner	60
13 h 30-15 h	Objectifs de la campagne (critères SMART)	90
15 h-15 h 30	Pause	30
15 h 30-17 h	Analyse des parties concernées (éventail des alliés, encadré sur les perceptions)	90
17 h-20 h	Dîner et temps libre	180
20 h-21 h 30	Conception du message de campagne (points de discussion)	90
Troisième jour (dimanche)		
9 h-10 h 30	Constitution d'un réservoir de tactiques (travail de réflexion, analyse coûts/avantages)	90
10 h 30-11 h	Pause	30
11 h-12 h 30	Élaboration d'un plan de campagne (travail en groupe, présentation, discussion)	90
12 h 30-13 h 30	Déjeuner	60

POSTFACE

Les outils présentés dans cet ouvrage divisent le travail de planification d'une campagne en étapes distinctes, dont chacune traite d'un élément d'un plan définitif de campagne: objectifs de campagne, message, tactiques, etc. De cette façon, la tâche difficile et complexe consistant à préparer une campagne s'en trouve facilitée, *sans* simplifier le plan de campagne résultant de ce processus.

> « *Les plans ne servent à rien, mais la planification est tout.*
>
> –Dwight Eisenhower »

Le plan de campagne est la réalisation finale du travail de planification, mais, d'une certaine manière, le processus compte davantage que le résultat. Il arrive que des événements imprévus modifient radicalement le cadre dans lequel la campagne est mise en œuvre ; de nouvelles occasions se présentent, des menaces se concrétisent ou des faiblesses cachées font brusquement surface, rendant le plan de campagne obsolète. Mais les informations réunies à l'aide de divers outils dans le cadre du travail de planification nous arment de compétences stratégiques qui nous permettent de lire et de comprendre le contexte changeant, de nous y adapter et de réagir rapidement et de manière adaptée.

Le mouvement auquel vous appartenez est peut-être actif depuis seulement un an, ou depuis cinq, dix ans, ou peut-être beaucoup plus longtemps. Il peut être encore sous le coup de l'enthousiasme suscité par la victoire récente contre son adversaire, que cela soit un régime autoritaire, un système corrompu ou une injustice persistante. Ou bien le mouvement peut être en stagnation et dans le désespoir après une répression par la violence (ou d'autres moyens). Le mouvement peut regrouper des centaines de milliers d'hommes, de femmes, de personnes âgées et d'enfants d'origines diverses, ou il peut ne compter que quelques douzaines de militants qui s'efforcent de faire croître les chiffres de la participation.

Quel que soit le cas, il n'est jamais trop tôt ou trop tard, il n'y a pas de moment trop parfait ou trop défavorable, de contexte trop rude ou trop idéal, les effectifs ne sont jamais trop importants ou trop faibles pour commencer à intégrer la planification d'une campagne dans la lutte non violente de votre communauté pour les droits, la liberté et la justice.

www.ingramcontent.com/pod-product-compliance
Lightning Source LLC
Chambersburg PA
CBHW041130110526
44592CB00020B/2749